Stefaniya Ptashnyk

Glücksorte in Krakau

Fahr hin & werd glücklich

Dieses

Glücksbuch

ist für

Liebe Glücksuchende,

„Krakau ist eine schöne altertümliche Stadt, ihre Gebäude sind rührend und tiefsinnig", schrieb 1924 Alfred Döblin während einer Reise durch Polen. Auch nach fast 100 Jahren erweckt diese Stadt noch das Gefühl von Rührung und Nachdenklichkeit. Die Geschichte teilte ihr großzügig verschiedene Rollen zu: königliche Hauptstadt, wichtiges Zentrum für Wissenschaft, Kreuzpunkt von Handelswegen und noch viel mehr. Wunderschöne Gebäude, gemütliche Parkanlagen, erlesene Museen, begehrte Musikclubs – lernen Sie die mondän-verträumten wie auch die modern-dynamischen Seiten der Königin an der Weichsel mit ihrem unwiderstehlichen Charme kennen. Sie werden Krakau fest in Ihr Herz schließen und dabei eigene Glückswege entdecken. Auf der Glücksuche in Krakau sprach ich mit vielen wunderbaren Menschen, die mir die vielseitigen Facetten dieser Stadt offenbarten. Für all ihre Erzählungen bin ich unendlich dankbar. Besonders danke ich Matthias Baumann, der mich unermüdlich mit seiner Kamera begleitete.

Ihre Stefaniya Ptashnyk

GLÜCK

Deine Glücksorte ...

... noch mehr Glück für dich

„Lieben Sie Brahms?“

1 Kaffee, Musik und Aussicht in der Musikakademie

Krakau gehört zu den Städten, die einen überrumpeln können. Deshalb muss man sich dieser Stadt langsam annähern, sie erst einmal aus der Ferne beobachten. Oder aus der Höhe. Das kann man kaum besser tun als bei einem Kaffee hoch über den Dächern. Dazu spaziert man an der gürtelartigen Grünanlage Planty entlang und biegt in die Straße des heiligen Thomas ab. Hier im Haus Nr. 43 versteckt sich die Krakauer Musikhochschule, die 1888 als Konserwatorium muzyczne eröffnet wurde.

Kaum betritt man das Gebäude, wird man von Musikklängen umgeben – Geige, Saxofon, Klavier … Brahms, Beethoven, Penderecki ... Letzterer, Krzysztof Penderecki, ein bedeutender polnischer Komponist, war von 1972 bis 1987 Rektor dieser Hochschule. Im Rausch der Musikklänge darf man jedoch die Suche nach dem Kaffee nicht vergessen. Der Aufzug befördert die Besucher in die siebte Etage, ins Café. Modern eingerichtet, mit viel Grün an den Wänden und an den Fenstern, erinnert es eher an ein veganes Bistro. Das ist es aber nicht. Junge Menschen in der Schlange begehren lieber eine deftige Suppe oder eine Cremeschnitte, dazu einen mit Zimt bestreuten Cappuccino. Man sieht Gesichter unterschiedlicher Herkunft – der junge Mann mit dem Saxofon kommt bestimmt aus Japan und die zwei Mädchen am Fenster haben einen ostslawischen Akzent in ihrer Sprache. Die halbe Welt kommt hierher zum Studieren.

So schön der Innenraum auch ist, begibt man sich jetzt am besten auf die Terrasse. Von hier aus bietet die Hochschule eine der wunderbarsten Aussichten auf die Stadt: die Türme der Marienkirche, der Anna-Kirche und der Dominikaner-Kathedrale, die Dächer der Tuchhallen und der Universität, Brabakan, das Verteidigungstor aus dem 15. Jahrhundert, und dazwischen kleine und größere Plätze, Cafés, Museen und Galerien, die es noch zu erkunden gibt. Das alles kommt später. Vorerst gilt es, den Cappuccino zu genießen, den Blick über die Stadt schweifen zu lassen und der Musik zu lauschen. Brahms? Beethoven? Penderecki!

- Akademia Muzyczna w Krakowie, ulica św. Tomasza 43, 31-027 Kraków, Tel. +48 (12) 4 22 04 55, www.amuz.krakow.pl/en
- ÖPNV: Tram 3, 10, 24, 52, Haltestelle Poczta główna

Entdeckerglück

2 Im Stanisław-Lem-Garten

Hier treffen sich Groß und Klein: Der Stanisław-Lem-Garten, benannt nach dem viel gelesenen Science-Fiction-Autor, bietet auf 6 Hektar grüner Fläche unglaublich vielfältige Unterhaltung. Die unterschiedlichen Areale des Parks sind an verschiedene physikalische Phänomene angelehnt: Optik, Magnetismus, Hydrostatik, Akustik, Schall und Mechanik. Durch selbstständiges Experimentieren können Entdecker jeden Alters ihr Wissen über die eigene Umwelt erweitern und dabei sehr viel Spaß haben.
Omas und Opas besteigen mit ihren Enkeln Schaukeln und Raketen. Die Eltern probieren akustische Anlagen aus. Junge Paare testen Steinzimbeln und Windspiele. Teenies fahren am liebsten auf ausgeklügelt gestalteten Rutschen, um zu erfahren, welche Form für die höchste Geschwindigkeit sorgt. Absolut faszinierend ist das nachgebaute Modell des Sonnensystems, verkleinert im Verhältnis 1:3.000.000.000. Die Sonne entdeckt man recht schnell auf einem Rasen, nach Merkur muss man etwas länger suchen. Die Entfernung zwischen Sonne und Jupiter nimmt hingegen den ganzen Garten in Anspruch. So bekommt man ein Gefühl für die enormen Ausmaße des Sonnensystems. Die Vielfalt, die man im Stanisław-Lem-Garten erkunden kann, ist einmalig: Hier lassen sich Schallwellen am ganzen Körper spüren, wenn man neben einem Gong steht, und das eigene Körpergewicht kann man mithilfe des Wassers messen. Beeindruckend ist das Erlebnis, dass selbst ein zierlicher Mensch einen Stein von 900 Kilogramm heben kann, wenn er einen entsprechend langen Hebel ansetzt. Nachdem man sich sattexperimentiert hat, kann man sich im Lembirynth verirren. Auf den verworrenen Wegen sind Zitate aus Lems Werken nachzulesen – Worte, deren zukunftsweisende Richtung rückblickend fast unheimlich erscheinen mag, nachdem aus Science-Fiction Science-Reality wurde.

TIPP
Für aufregende Gefühle sorgt die Fahrt mit einem Gyroskop.

Der Garten ist im Übrigen ein wunderbarer Ort für ein romantisches Rendezvous. Wenn es in der Dämmerung allmählich still wird, kann man auf bezaubernden Alleen mit Duftpflanzen flanieren und dem Grillenzirpen zuhören.

- Ogród Doświadczeń im. Stanisława Lema, aleja Pokoju 68, 31-580 Kraków
www.ogroddoswiadczen.pl/en
- ÖPNV: Tram 1, 14, 22, Haltestelle Aleja Pokoju

Päpstlich schlemmen

3

In der Konditorei Wadowice am Planty-Park

An diesem süßen Paradies kommt man nicht ohne Zwischenstopp vorbei. Die Konditorei Wadowice an der Ecke des grünen Gürtels Planty und der Studentenstraße zieht die Aufmerksamkeit der Passanten zunächst mit ihrem rosa leuchtenden Firmenschild auf sich. Noch auffälliger als das Schild sind die vielfältigen Köstlichkeiten in der Auslage. Die Visitenkarte der Konditorei sind die „Päpstlichen Cremeschnitten": Dieses Gebäck aus knusprigem Blätterteig, gefüllt mit einer weißen Creme, machte die Konditorei in ganz Polen bekannt. Die Sahnestückchen sind außerordentlich verführerisch, aber damit nicht genug bei Wadowice: Himbeerkuchen, Hörnchen mit weißem Mohn, Käsekuchen nach Krakauer Art, Kekse nach traditionellen Rezepten, Eis und Sorbets – alles ist handgemacht und liebevoll dekoriert. Unbedingt einmal probieren sollte man die hiesigen Pączki – so heißen die Kräppel oder Berliner auf Polnisch. Vorzugsweise wählt man die mit dem aromatischen Rosenblätter-Püree. Einmal im Jahr, und zwar am sogenannten schmutzigen oder fetten Donnerstag, verwandelt sich die Konditorei in ein Pączki-Eldorado, da diese Leckerbissen – einer alten Tradition nach – gerade an diesem Tag gegessen werden. Aus besten natürlichen Zutaten hergestellt, obendrein mit Zuckerguss, Puderzucker oder Schokolade versehen, schmecken sie hier fantastisch und wecken die allerschönsten Kindheitserinnerungen.

TIPP

Bei schönem Wetter eine Cremeschnitte gleich nebenan im Freien auf einer gemütlichen Bank genießen.

Für den kleinen Hunger zwischendurch bietet das Wadowice eine reichhaltige Vielfalt an herzhaften Snacks: Tartes mit Spinat, Tomaten, Zucchini, Lachs, Birnen und Brokkoli, Teigtaschen mit Hühnchen- oder Champignon-Füllung und, und, und. Selbst der Papst hätte hier die Qual der Wahl gehabt. Als Besucher steht man vor der Theke und würde am liebsten alles mitnehmen! Am besten ist es, man verweilt länger im Wadowice und probiert die Köstlichkeiten durch. Ein großer, schlicht gestalteter Raum mit sanfter Beleuchtung lädt zum Entspannen ein und ist prädestiniert für eine Ruhepause nach einem längeren Stadtbummel.

- Cukiernia Wadowice, ulica Studencka 1, 31-116 Kraków, Tel. +48 (6 91) 33 15 80 93 http://cukierniawadowice.pl
- ÖPNV: Tram 2, 8, 13, 18, 29, Bus 124, 152, 424, 502, Haltestelle Teatr Bagatela

Owoce
Wykwintna
Malina
8.00
Pope's Cream Cake
4+1 GRATIS

Surreal und futuristisch

4

Das Kunsthaus Cricoteka im Stadtteil Podgórze

Taucht man in die Kunst- und Theaterszene Krakaus ein, so kommt man an einer Persönlichkeit auf keinen Fall vorbei: Tadeusz Kantor (1915–1990), Regisseur, Happening-Künstler, Maler, Kunsttheoretiker und Bühnenbildner. Sein Leben war aufs Engste mit Krakau verbunden. 2014 wurde an der Weichsel ein architektonisch eindrucksvolles Kunsthaus eingeweiht, das Kantors Leben und Werk präsentiert: die Cricoteka. Benannt ist es nach dem 1955 gegründeten Avantgarde-Theater „Cricot 2", das mehrere Jahrzehnte als Sprachrohr der künstlerischen Ideen von Tadeusz Kantor diente.
Der Sitz der Cricoteka ist eine Kombination aus einem alten Kraftwerk und einem modernen Bauwerk, das mit einem dunkelbraunen Metall ummantelt ist. Die Form knüpft an das künstlerische Programm Kantors an: Begegnungen außergewöhnlicher Formen und Inhalte hervorzubringen und dabei Alltagsgegenstände von ihrer unerwarteten Seite zu zeigen. Im Museum sind seine Bilder sowie surreal oder futuristisch anmutende Gegenstände und Kostüme aus seinen Theaterstücken zu sehen.
Ferner bietet die Cricoteka Raum für wechselnde Ausstellungen junger Künstler, Konzerte, Happenings und Filmvorführungen. Einen wichtigen Bestandteil des Programms stellen Workshops für Kinder und Erwachsene dar, bei denen viel experimentiert wird. Hierbei lernt man, auf Dinge zu achten, die man nicht täglich wahrnimmt, indem man durch ein Schlüsselloch lugt, Geräusche mithilfe empfindlicher Mikrofone einfängt oder Tricks aus der Stummfilmzeit ausprobiert. Zudem kann man als Laie auf den Brettern, die die Welt bedeuten, stehen, denn die Theater-Erfahrung schätzte Tadeusz Kantor besonders hoch: „Das Theater ist die schönste aller Künste, es ist angesiedelt zwischen Kunst und Leben."
In der obersten Etage der Cricoteka erwartet die Besucher ein freundliches Café mit Blick über die Stadt. Mit einer Tasse Kaffee kann man es sich auch auf dem Vorplatz des Kunstzentrums auf einem der bequemen Stühle gemütlich machen und das Treiben an der Weichsel beobachten.

TIPP

Die futuristische Ummantelung des Gebäudes eignet sich wunderbar als Hintergrund für eine Fotosession.

- Ośrodek Dokumentacji Sztuki Tadeusza Kantora Cricoteka, ulica Nadwiślańska 2–4, 30-527 Kraków, Tel. +48 (12) 4 42 77 70 www.cricoteka.pl/pl/en
- ÖPNV: Tram 3, 17, 19, 24, 69, Haltestelle Plac Bohaterów Getta

Buntes Treiben jederzeit

5

Auf dem Hauptmarkt im Herzen der Stadt

Er ist ein Muss für jeden Besucher – der große Marktplatz, auf Polnisch Rynek Glówny. Palais und Kirchen, Gaststätten und Jazz-Keller, Museen, Boutiquen und Buchhandlungen umranden den im Mittelalter angelegten Platz, auf dem bereits im 13. Jahrhundert internationaler Handel betrieben wurde. Im Mittelpunkt stehen die berühmten Tuchhallen, das unverkennbare Wahrzeichen der Stadt. 1978 wurde der Platz als Teil der Krakauer Altstadt in die Liste des UNESCO-Weltkulturerbes aufgenommen. Aber auch ohne diese Auszeichnung gehört der Hauptmarkt zu den beliebtesten Plätzen der Einwohner und Besucher der Stadt. Er ist Schauplatz zahlreicher öffentlicher Veranstaltungen und Festivals. Im Sommer finden am Hauptmarkt Straßentheatervorführungen, Laufmarathons und Volksfeste statt. Eine Woche nach Fronleichnam kann man den traditionellen Lajkonik-Umzug erleben, angeführt von einem auf orientalische Art verkleideten Gaukler mit einem Morgenstern und einem hölzernen Pferd. Im Winter besucht man am Rynek Glówny die jährlich stattfindende Krakauer Weihnachtskrippen-Schau, und an Silvester treffen sich hier Feierlustige zu der riesigen öffentlichen Neujahrsparty.

TIPP
Das Haus Nr. 36 am Hauptmarkt beherbergt ein wunderschönes Musikgeschäft – ein Geheimtipp!

Bei einem Kaffee oder einem Cocktail in einem der Restaurants oder Cafés lässt es sich stundenlang sitzen und das bunte Treiben beobachten – hier schlägt schließlich das Herz Krakaus. Frischvermählte Paare nutzen die historische Kulisse fürs Fotoshooting. Hier und da wird Straßenmusik gemacht. Jugendliche geben ihre Kunststücke zum Besten oder führen Streetdance vor. Spontan versammeln sich dann Scharen von Zuschauern, manche stehen und staunen, andere tanzen und singen mit. All das erfüllt den Platz mit einer beschwingten und lebensfrohen Stimmung. Jedoch am schönsten ist Rynek Glówny am Abend, wenn die Wasserspiele neben den Tuchhallen in den abendlichen Lichtern ihren berauschenden Zauber entfalten.

- Rynek Glówny, 31-116 Kraków
- ÖPNV: Tram 2, 4, 8, 13, 14, Haltestelle Teatr Bagatela

Ausflug mit Kontrapunkten

6

Der Stadtteil Nowa Huta

Allein schon die charmanten Quartiernamen versprechen hier Glück und Wohlergehen: Bunte Siedlung, Sonnensiedlung, Grüne Siedlung. Die zentrale Flaniermeile trägt den romantischen Namen Rosenallee und ist mit Rosenkübeln zu beiden Seiten geschmückt. Die Rede ist von Nowa Huta, dem heute gentrifizierten und bei jungen Menschen höchst beliebten Stadtteil. Er entstand in den 1950er-Jahren vor den Toren Krakaus als eine sozialistische Vorzeigestadt um das gleichnamige Eisenhüttenkombinat herum. Nowa Huta sollte einen Gegenentwurf zu den mittelalterlichen Palästen der polnischen Könige darstellen und einen bewussten Kontrapunkt zum bürgerlichen, intellektuellen Krakau setzen.

Den Rundgang durch die postsozialistische Welt von Nowa Huta beginnt man am besten am Zentralen Reagan-Platz (plac Centralny): Hier laufen fünf Straßen in gleichmäßigen Winkeln aufeinander zu, sodass sie eine Kreuzung bilden, die wie ein futuristischer riesiger Stern wirkt. Die unweit gelegenen ehemaligen Kultplätze wie die berühmte Milchbar Bar Centralny oder das Restaurant Stylowa versprühen den nostalgischen Charme vergangener sozialistischer Zeiten, verlieren aber bis heute nicht an Anziehungskraft, nicht zuletzt dank der unschlagbar günstigen Preisen. Die meisten Bauten von Nowa Huta tragen deutliche Spuren des einstigen Arbeiterviertels. Viele Betonbauten sind jedoch nicht ohne Finesse gestaltet. Die Architektur kombiniert die Ideale der Renaissance und des sozialistischen Stils. Attiken, Säulen, Torbögen und Kassettendecken schaffen ein zwar etwas graues, aber immer noch beeindruckendes und harmonisch wirkendes Gesamtbild.

TIPP
Auf der Bühne des Kulturzentrums Nowa Huta kann man gelegentlich exzellente Jazz-Konzerte erleben.

Ein architektonischer Kontrast dazu ist das 1986 erbaute und modernistisch gestaltete Kulturzentrum, in dem beachtenswerte Ausstellungen stattfinden. Es beherbergt Werke des polnischen Malers, Bildhauers, Grafikers und Designers Zdzisław Beksiński, den manche Kunstkenner den polnischen HR Giger nennen. Ein großer Platz mit Bänken hinter dem Gebäude bietet Gelegenheit für eine Erholungspause mit Blick über die grünen Wiesen von Nowa Huta, einem Naturschutzgebiet.

- Nowa Huta, plac Centralny im. R. Reagana, 31-974 Kraków
- ÖPNV: Tram 2, 3, 4, 5, 9, 10, 11, 20, Haltestelle Plac Centralny im. R. Reagana

ON
OFF

Bibel aus Lindenholz

7

In der Marienkirche am Hauptmarkt

Die Marienkirche gilt zu Recht als die schönste Kirche der Stadt. Zahlreiche Kunstwerke polnischer und internationaler Künstler schmücken ihr Inneres, so die Fresken und Polychromarbeiten von Jan Matejko, Glasfenster von Stanisław Wyspiański und Józef Mehoffer. Der größte Magnet ist der Hochaltar des Nürnberger Bildhauers und Holzschnitzers Veit Stoß – ein Glanzstück spätgotischer Holzschnitzerei, das unter den Krakauern auch liebevoll „Bibel aus Lindenholz" genannt wird. Pablo Picasso, der 1948 einen Abstecher nach Krakau machte, bezeichnete diesen Altar mit fünf Flügeln gar als das schönste Kunstwerk Europas. Dieser Pentaptychon mit der Darstellung des Entschlafens der Jungfrau Maria und ihrer Himmelfahrt im Zentrum hat eine imposante Größe – 13 Meter hoch und 11 Meter breit. Wenn die Altarflügel offen stehen, ist im Mittelfeld Maria im Kreis der Apostel zu sehen. Der geschlossene Altar zeigt auf himmelblauem mit unzähligen Sternen übersätem Hintergrund eine Reihe von Szenen aus dem neuen Testament. Am Fuß des Altars ist der Baum von Jesse zu sehen, der Stammbaum der Familie Marias, der an die königliche Abstammung Christi erinnert. Den oberen Abschluss bildet die Darstellung der Krönung Marias. Ihr stehen die Schutzpatronen Polens zur Seite: der heilige Adalbert und der heilige Stanislaus.

TIPP
Vom Turm der Marienkirche hat man einen wunderbaren Blick über die Stadt.

Alle Figuren sind bis ins kleinste Detail realistisch gestaltet, was von großem meisterhaftem Können und hoher Kenntnis der menschlichen Anatomie des Künstlers zeugt. Mit derselben Präzision sind auch kleinere Figuren von Bürgern, Kaufleuten, Rittern, Scholaren und Handwerkern mit ihren charakteristischen Kleidern, Waffen und Arbeitsgeräten gearbeitet. Alle Figuren sind vergoldet und ihre Gewänder leuchten in kräftigem Rot, Blau und Grün. Die akribisch geschnitzten Gesichter bestechen durch ihre lebendige Ausdruckskraft. Die gesamte Kirche erstrahlt im Lichterglanz, die Farben verbinden sich zu einem harmonischen Ganzen. Nicht verwunderlich, dass so mancher Betrachter hier den Lauf der Zeit komplett vergisst.

- Kościół Mariacki, plac Mariacki 5, 31-042 Kraków, Tel. +48 (12) 4 22 05 21 https://mariacki.com/en
- ÖPNV: Tram 1, 2, 10, 64, 69, Haltestelle Poczta Główna

VIR
GINI
ET
MA
TRI

Streetfood-Eldorado

8 Der Judah Food Market in Kazimierz

An der Kreuzung der Straßen Wąska und Świętego Wawrzyńca im Herzen des Kazimierz-Viertels liegt das Paradies für alle Liebhaber des Streetfoods: der Judah Food Market. Auf einem großen Platz wurde eine kulinarische Oase mit zahlreichen Food Trucks eingerichtet, die raffinierte Speisen in großer Vielfalt anbieten. Jene, die Gerichte der traditionellen polnischen Küche bevorzugen, stehen für die Teigtaschen Pierogi mit diversen Füllungen oder die überbackenen Zapiekanki an. Am Andrus Food Truck bekommt man das traditionelle Krakauer Gericht Maczanka aus Fleisch und Brot mit hervorragender Soße. Um den Kumpir, eine riesige Ofenkartoffel mit Knoblauchbutter, Käse und aromatischen Kräutern zu probieren, geht man am besten zu Pan Kumpir. Weitere Trucks locken mit internationalen Gerichten wie Burgern, Panini, Sushi, Tempura oder Pommes frites nach belgischer Art an. Für das süße Angebot sorgt die Chimney Cake Bakery mit einer bunten Auswahl an Gebäck und Kuchen. Daneben bekommt man leckere Crêpes und selbstverständlich Kaffee in allerlei Variationen. Kurzum, beim Judah Food Market finden hungrige Schleckermäulchen alles, was ihr Herz begehrt!

Der Platz wird von einem großen Wandbild mit dem Titel „Judah" dominiert. Dieses Wallpainting wurde im Juli 2013 von dem bekannten israelischen Straßenkünstler Pil Peled im Rahmen des Festivals der jüdischen Kultur extra für diesen Ort geschaffen. Das Bild zeigt einen Löwen und ein Kind, das der Prinzessin Mononoke ähnelt. Es verleiht diesem Ort optisch eine exotische Note.

Der Judah Food Market heißt seine Besucher täglich von 12 bis 23 Uhr willkommen und hat sich inzwischen zu einem beliebten Treffpunkt für junge Menschen entwickelt, die Streetfood schätzen. Mit Essen versorgt, sucht man sich einen gemütlichen Sitzplatz und genießt die Speisen und die offene, dynamische Atmosphäre. Vor allem abends ist der Judah Food Market sehr belebt, sodass man hier hervorragend den Tag ausklingen lassen kann.

- Judah Food Market, ulica św. Wawrzyńca 16, 31-060 Kraków
- ÖPNV: Tram 3, 14, 19, 24, 64, Haltestelle Świętego Wawrzyńca

JUDAH
FOOD MARKET

Europäische Kunstreise

9

Im Fürsten-Czartoryski-Museum

Ein sorgfältig restauriertes Palais aus dem 19. Jahrhundert unweit des Verteidigungsturms Brabakane beherbergt die kostbare Sammlung der Fürstenfamilie Czartoryski. In diesen Räumen durchschreiten die Besucher – wie auf einer wundervollen Reise – die verschiedenen Kunstepochen: von der Antike über das Mittelalter und die Renaissance bis ins 19. Jahrhundert. Die Kunstliebhaberin Fürstin Izabela Czartoryska legte 1801 den Grundstein der Kollektion, indem sie Gemälde, Antiquitäten, Bücher, Manuskripte und Urkunden zur Geschichte Polens sammelte.
Viele Exponate erzählen die Geschichte der polnischen Herrscher von der Jagellonen-Epoche an bis zum Untergang der Ersten Polnischen Republik. Besonders beeindruckend sind dabei die Porträts der Jagellonen-Dynastie von Lucas Cranach dem Jüngeren. Die Sammlung enthält ferner sakrale Gegenstände, orientalische Kunst aus Indien, Persien und China, flämische Teppiche, aber auch historische Urkunden, alte Bücher in verschiedenen Sprachen, Grafiken und Zeichnungen.
Die absoluten Highlights des Museums sind die Gemälde von Raffael, Rembrandt und Leonardo da Vinci. Die zauberhafte „Dame mit dem Hermelin“ (ca. 1490) darf der Besucher in einem abgedunkelten Kabinett betrachten. Die abgebildete Dame im kostbaren Gewand, Cecilia Gallerani, war die Maitresse des Mailänder Herzogs Ludovico Sforza. Der niedliche weiße Hermelin auf ihrem linken Arm spielt sowohl auf Sforza selbst an, der Mitglied im neapolitanischen Hermelinorden war, sowie auf die Dame, deren Name im Altgriechischen ‚Wiesel‘ bedeutet.
Dieses Bild erlebte eine ergreifende Geschichte. Als Krakau 1939 zur Hauptstadt des Generalgouvernements Polen erklärt wurde, ließ sein Statthalter Hans Frank das faszinierende Gemälde in seinem Dienstzimmer auf dem Wawel-Schloss aufhängen. Bei der Flucht vor der Roten Armee 1944 brachte es Frank in sein „Haus Bergfrieden“ am bayerischen Schliersee, wo es dann von den US-Truppen entdeckt wurde. Man kann von Glück sagen, dass die „Dame mit dem Hermelin“ nach unfreiwilligen Ausflügen bereits 1946 in die Krakauer Sammlung zurückkehrte.

TIPP

Der exzellente kunsthistorische Audioguide gibt in 2,5 Stunden einen profunden Einblick in die Sammlung.

- Muzeum Książąt Czartoryskich – Muzeum Narodowe w Krakowie, ulica Pijarska 8, 31-015 Kraków, Tel. +48 (12) 3 70 54 66 https://mnk.pl/branch/the-princes-czartoryski-museum
- ÖPNV: Tram 2, 4, 20, 24, 64, Haltestelle Teatr Słowackiego

Stilvolle Gaumenfreuden

10 Restaurant Pod Baranem unweit des Wawels

Seine Gäste begrüßt er am liebsten persönlich. Jan Baran, Maître de Cuisine und Besitzer, führt sein Restaurant Pod Baranem am Fuße des königlichen Schlosses seit 1996. Seither hatte er viele Persönlichkeiten von Rang und Namen in seinem Lokal willkommen heißen dürfen – Nobelpreisträger und Präsidenten, Schauspieler und Künstler, wie man unschwer auf den Fotos an den Wänden erkennen kann. Zu Recht, denn bei Jan fühlt sich jeder Gast sehr schnell wie zu Hause: Eingerichtet mit antiquarischen Möbeln, versprüht das Lokal einen gewissen Pariser Charme. Stillvoll gekleidete Kellner sprechen verschiedene Sprachen und geizen nicht mit humorvollen Bemerkungen.

Barans Küche folgt einem klaren Konzept: „Was dem Koch nicht schmeckt, schmeckt auch dem Gast nicht.“ Dem Gast fällt folglich die Wahl schwer, etwa zwischen kross gebratener Ente, Zander mit Pilzen, Krautwickeln mit Buchweizen und Pierogi, den abwechslungsreich gefüllten Teigtaschen in süßer oder herzhafter Variante. Zu den traditionellen Speisen gehört auch die Maczanka nach Krakauer Art und ihre Geschichte erzählt der Chefkoch nicht ohne ein Schmunzeln: „Einmal hatte der Koch zu wenig Kartoffeln und zu wenig Grütze. Dann legte er hartes Brot in die Soße und so entstand dieses Gericht.“ In Wahrheit ist seine Zubereitung gar nicht trivial. Das Fleisch für Maczanka wird über zwei Tage in einer speziellen Marinade eingelegt, danach wird es lange bei niedriger Temperatur gebacken, mit Zwiebeln gedünstet und traditionell in einer Kaisersemmel serviert. Fast alles, was im Haus kredenzt wird, wird auch selbst hergestellt. Seit einigen Jahren bietet das Restaurant auch vegane und glutenfreie Speisen an.

TIPP

Viele Gemälde an den Wänden stammen von dem berühmten Warschauer Künstler Edward Dwurnik.

Zu den Spezialitäten des Hauses gehören die von Jan Baran persönlich hergestellten Brände, die in einem „Geheimschrank“ in Karaffen aufbewahrt werden. Enzianschnaps, Holunderbrand oder der sogenannte Baran-Meister aus vier Früchten und 21 Kräutern sind sowohl als Aperitif als auch als Digestif wärmstens zu empfehlen!

- Restauracja Pod Baranem, ulica św. Gertrudy 21, 31-048 Kraków, Tel. +48 (12) 4 29 40 22, www.podbaranem.com
- ÖPNV: Tram 1, 2, 4, 6, 8, 10, 13, 14, Haltestelle Wawel

Das schönste Vergnügen

11 Die Buchhandlung Empik am Hauptmarkt

Das Haus Nr. 23 am Hauptmarkt in Krakau ist eine besondere Adresse: Es ist einer der ältesten Orte, an denen Bücher verkauft werden. 1610 eröffnete hier der Kölner Kaufmann Franciszek Jakub Mercenich einen Laden, in dem er Bücher verkaufte. Diese wurden damals hauptsächlich aus Frankfurt am Main, der Stadt der internationalen Buchmesse, importiert. Heute setzt die Buchhandlungskette Empik in diesem Haus die alte Tradition des Buchhandels fort.

Beim Betreten des Ladens erblickt man alte, massive Regale aus Erlenholz mit Intarsien, die in diesem Raum eine einzigartige Atmosphäre schaffen. Von hier aus kommt man durch einen schmalen Gang zum hinteren Teil der Buchhandlung. Dort finden sich zwei Leseräume, die den polnischen Nobelpreisträgern Wisława Szymborska und Czesław Miłosz gewidmet sind und in denen literarische Lesungen und Begegnungen stattfinden. Das Interieur wurde vom preisgekrönten Architekturbüro Jan Strumiłło entworfen.

Besonders beindruckend ist die Ausgestaltung des Durchgangs zwischen dem Kassenraum und den Lese- bzw. Veranstaltungsräumen: Das Deckengewölbe oberhalb der Bücherregale schmückt ein 30 Meter langes Gemälde des Warschauer Zeichners Tymek Jezierski. Es zeigt über 33 Autorinnen und Autoren – von Piotr Skarga (1536–1612) bis Łukasz Orbitowski (geb. 1977) –, die seit der Gründung der Buchhandlung bis heute in Krakau lebten oder leben. Diesem literarischen Pantheon verdankt die Stadt nicht zuletzt den Titel UNESCO City of Literature, den Krakau seit 2013 tragen darf.

Unterhalb des Wandgemäldes finden sich gepolsterte Sitzbänke, auf denen zu jeder Tageszeit Besucher bei gemütlichem Licht sitzen, in den Büchern schmökern oder über die Zitate berühmter Literaten sinnieren. „Bücher lesen ist das schönste Vergnügen, dass sich die Menschheit ausgedacht hat", schrieb einst Wisława Szymborska dazu passend. Die Buchhandlung Empik ist ein wundervoller Ort, um sich dieser vergnüglichen Beschäftigung voll und ganz zu widmen!

● Księgarnia Empik, Rynek Główny 23, 31-008 Kraków, Tel. +48 (2 24) 62 72 50
● ÖPNV: Tram 1, 2, 4, 6, 8, 13, Haltestelle Filharmonia

turystyka/podróże
historia
P
Płynie się zawsze
do źródeł pod prąd,
z prądem płyną
śmiecie.
Ś
Śmierć jest ostatec
argumentem prze
konformizmowi.
TADEUSZ KANTOR

Klezmer-Klänge

12 Die Szeroka-Straße in Kazimierz

Der frühere jüdische Stadtteil Kazimierz hat sich in den letzten Jahren zu einem beliebten Ausgehviertel in Krakau entwickelt. In seinen pittoresken Gassen und auf seinen idyllischen Plätzen kann man stundenlang schlendern und stets neue Facetten an den einzelnen Gebäuden oder im Straßenbild entdecken.

Im Herzen von Kazimierz verläuft die Breite Straße, auf Polnisch ulica Szeroka, die ein näheres Kennenlernen lohnt. Neben zahlreichen Straßencafés gibt es viel Historisches zu entdecken, zum Beispiel die im 15. Jahrhundert errichtete Alte Synagoge mit ihrem schönen Kreuzrippengewölbe, die am südlichen Ende der ulica Szeroka steht. In der Mitte der Straße, unter der Hausnummer 40, ist ein weiteres historisches Gebetshaus zu sehen – die Remuh-Synagoge. Erbaut 1558 im Renaissance-Stil, wurde sie in den letzten Jahren gründlich renoviert und dient heute als Hauptort für Gottesdienste der jüdischen Gemeinde Krakaus. Die Popper-Synagoge in der Szeroka 26 verdient ebenfalls einen Besuch, weil das Haus eine wunderschöne Buchhandlung namens Austeria beherbergt, in der oft interessante kulturelle Veranstaltungen stattfinden.

Am nördlichen Ende, unter der Hausnummer 6 im Gebäude der ehemaligen Mikwe aus dem 14. Jahrhundert, befindet sich das Restaurant Klezmer Hoise, das erlesene Gerichte der jüdischen Küche anbietet. Sowohl die wunderschöne Inneneinrichtung als auch der lauschige Innenhof bewahren wohl am besten die Atmosphäre des ehemaligen jüdischen Viertels. Unter der Nummer 14 steht das Haus von Helena Rubinstein, in dem die später weltberühmte Kosmetikunternehmerin ihre Kindheit verbrachte. Egal an welcher Ecke der Straße man verweilt, stets wird man von den Klängen der Klezmer-Musik begleitet, die von einer kleinen Band live gespielt wird. Hat man nun in der Szeroka-Straße alle Einzelheiten ausgiebig besichtigt, muss man sie noch einmal bei Nacht erleben: Hier – wie auch sonst in Kazimierz – kann man abends wunderbar ausgehen, in einer der zahlreichen Kneipen den Feierabend verbringen und die Seele baumeln lassen.

TIPP
In der Buchhandlung Austeria gibt es nicht nur Bücher zum Lesen, sondern auch zum (Weiter-) Schreiben.

- Ulica Szeroka, 31-052 Kraków
- ÖPNV: Tram 3, 19, 24, 69, Haltestelle Miodowa

Glücksadresse für alles

13 Bei Magda in der Galerie Floriańska 22

Floriańska 22 in Krakau – unter dieser Adresse finden die Besucher fast alles: Fahrradverleih, Touristen-Informationen, Vermittlung von Touren durch Krakau und von Ausflügen in die Umgebung, etwa in die Salzmine Wieliczka, und darüber hinaus eine kleine, aber feine Kunstgalerie. Die Chefin dieser Rundum-Versorgungsinstitution ist Magdalena (Magda) Skrzyszowska, studierte Kunsthistorikerin und ausgebildete Fotografin. Bereits Magdas Eltern waren professionelle Fotografen und betrieben in der Floriańska eines der ältesten Fotostudios der Stadt. Magda und ihre Geschwister setzten später diese Familientradition fort. Vielleicht gerade deshalb hat Magda einen besonderen Blick und ein großes Herz für die Menschen, die bei ihr ein und aus gehen. Sie freut sich besonders, wenn sie nicht nur eine touristische Dienstleistung buchen, sondern auch in der Ausstellung vorbeischauen.

TIPP
Bei Magda ein Fahrrad ausleihen und dann eine Tour entlang der Weichsel unternehmen.

Magdas Kunstgalerie wirkt wie ein großes privates Wohnzimmer. Dieser helle Raum dient für Ausstellungen internationaler Kunst, die beinahe jeden Monat wechseln. Dabei werden aktuelle Trends und kreative Formen der zeitgenössischen Kunst präsentiert. Magdas Geschmack und Kunstverständnis bei der Auswahl der Exponate sind beeindruckend: Sie bringt Künstler zusammen, die noch nie gemeinsam ausgestellt haben, die oft aus verschiedenen Ländern kommen und unterschiedliche Kunstrichtungen repräsentieren. Und dennoch passen die Gemälde stets erstaunlich gut zueinander, ergänzen sich und schaffen eine Einheit.

Die Galerie Floriańska 22 ist im künstlerischen Milieu Krakaus zudem als intimer Ort bekannt, an dem auch kleinere Konzerte, Kunstvorträge sowie Begegnungen mit Künstlern und Dichtern stattfinden. Die Tür steht fast zu jeder Stunde offen. Als Gast fühlt man sich bei Magda sehr schnell wie zu Hause. Mit ein bisschen Glück und wenn die Zeit es erlaubt, bekommt man von der Gastgeberin einen Kaffee angeboten, den man mit ihr im lauschigen Innenhof – einem dieser schönen Atrien, über die so manche alten Krakauer Häuser verfügen – genießen kann. Eine kleine Auszeit und Wonne pur!

- Galeria Floriańska 22, ulica Floriańska 22, 31-021 Kraków
  www.galeriaflorianska22.com
- ÖPNV: Tram 2, 3, 4, 14, 20, 24, Haltestelle Teatr Słowackiego

Blick ins Weite

14

Auf dem Kościuszko-Hügel

Diese Erhebung am westlichen Rand der Krakauer Innenstadt ist heute ein Paradies für Spaziergänger, Jogger und Picknick-Liebhaber: Alleen mit wunderschönen Kastanienbäumen, die zur Spitze des Kościuszko-Hügels führen, sind prädestiniert für ausgedehnte Ausflüge ins Grüne, auf denen man Kraft tanken kann. Viele Besucher kommen vor allem wegen der schönen Aussicht, denn von hier aus erblickt man das wohl einmalige Panorama der gesamten Stadt und der Umgebung.
Heute ist der Kościuszko-Hügel aus dem Stadtbild nicht wegzudenken. Seine Form ähnelt anderen frühmittelalterlichen Kurganen im Krakauer Stadtgebiet, die nach dem sagenhaften Stadtgründer Krak und seiner Tochter Wanda benannt sind. Doch der Kościuszko-Hügel besteht erst seit 1823. Mit Karren fuhren Krakauer Einwohner Erde hierher, um diesen kleinen Berg zu Ehren des großen Unabhängigkeitshelden Polens Andrzej Tadeusz Bonawentura Kościuszko (1764–1817) aufzuschütten. Er war General und Anführer des nach ihm benannten Aufstandes gegen die Teilungsmächte Russland und Preußen im Jahr 1794. Sein Name wurde zum Symbol für die polnische Unabhängigkeit.
Am Fuß des Hügels befindet sich ein großes Museum, das dem Lebensweg Kościuszkos gewidmet ist. In der multimedialen und interaktiven Dauerausstellung sind traditionelle Museumsschaufenster mit Film-, Theater- und Computerspielelementen kombiniert. Hier erfährt man viele Details über den großen Freiheitshelden, der sich zuerst um die Unabhängigkeit der Vereinigten Staaten von Amerika verdient gemacht hatte und später für die Freiheit Polens kämpfte. Am Ausgang des Museums beginnt der spiralförmige Weg zur Spitze, der am fürsorglich gepflegten Kościuszko-Garten vorbeiführt. Liebevoll gestaltete Schilder informieren auf diesem Weg über die Entstehung dieser Gedenkstätte. Oben angekommen kann man bei schönem Wetter sogar die Zweitausender-Gipfel der Hohen Tatra erblicken und wahrhaftig die Weite erfahren.

TIPP

Am frühen Abend den Kościuszko-Hügel besteigen und einen romantischen Sonnenuntergang erleben.

- Kopiec Kościuszki, aleja Waszyngtona 1, 30-204 Kraków
- ÖPNV: Bus 100, 101, Haltestelle Aleja Waszyngtona

Legendär und immerwährend

15

Piwnica pod Baranami am Hauptmarkt

Piwnica pod Baranami (Keller zu den Widdern), untergebracht im ehemaligen Palast der adeligen Familie Potocki am Krakauer Hauptmarkt, gilt heute als eine Legende und als das bizarrste Kabarett der Welt zugleich. Diese Kleinkunstbühne wurde 1956 von Krakauer Studenten gegründet. In kurzer Zeit entwickelte sich der Keller zu einer festen Institution im kulturellen Leben der Stadt. Vor allem dank des Charismas des Hauptgründers Piotr Skrzynecki, des jahrzehntelangen Impresarios, etablierte sich um die Piwnica herum eine Gruppe talentierter Künstler. Sie knüpften damals an die musikalische und literarische Kabarett-Tradition der Jahrhundertwende an. Hier begannen viele große Karrieren, so zum Beispiel die der Liedermacher Grzegorz Turnau, Ewa Demarczyk oder Marek Grechuta. Mit Liederabenden, szenischen Kurzformen und Werkstatt-Produktionen erlangte Piwnica pod Baranami einen einmaligen Ruf. Mit der Zeit wurde der Keller zu einem Ort, an dem der polnische Jazz florierte. Auf seiner Bühne spielten solche Größen wie Jerzy Matuszkiewicz, Krzysztof Komeda, Tomasz Stańko oder Wanda Warska. Auch heute kann man hier mit ein wenig Glück wahre Jazz-Legenden hören. Ungeachtet verschiedener politischer Phasen blieb die Piwnica stets der Ort des freien und kreativen Geistes und diese Atmosphäre ist hier bis heute zu spüren. Ohne ihr kreatives und ambitioniertes Programm wäre das kulturelle Leben Krakaus undenkbar. Heute ist die Bühne offen für junge Musiker und Liedermacher verschiedener Stilrichtungen, die aus ganz Polen anreisen. Man muss mindestens einmal auf den Brettern des Pod Baranami gestanden haben, wenn man in Zukunft etwas werden möchte!

Der berühmte Keller beherbergt nicht nur die Bühne für Musik oder Kabarett, sondern auch eine Bar, eine Gemäldegalerie und einen Tanzclub. Am besten, man kommt am Abend auf ein Bier vorbei und informiert sich über das aktuelle Veranstaltungsprogramm. Jeder Besuch in diesem verwinkelten und atmosphärischen Keller ist ein Erlebnis.

TIPP

Nebenan: das Café Vis a vis mit dem originellen Denkmal für Piotr Skrzynecki, der an einem kleinen Tisch sitzt.

- Piwnica pod Baranami, Rynek Główny 27, 31-010 Kraków, Tel. +48 (12) 4 21 25 00 https://piwnicapodbaranami.pl
- ÖPNV: Tram 2, 4, 8, 13, 14, Haltestelle Teatr Bagatela

PIWNICA
POD BARANAMI
ANNA POLONY
JERZY TRELA
EWA
LIPSKA
Droga Pani
Schubert...
JÓZEF OPALSKI
NOC POEZJI - 10 października, godz. 20:15
Piwnica pod Baranami
Kraków
PIWNICA pod BARANAMI
Cabaret Club Cafe Drink-Bar
od 1956 / since 1956
PIWNICA
POD
BARANAMI
CAFE • COCKTAIL-BAR • MUSIC-CLUB • PUB • CABARET
BAR OTWARTY OD OPEN FROM 11
PIWNICA POD BARANAMI
Piwnica pod Baranami
GDZIE: PIWNICA POD BARANAMI
KIEDY: SOBOTA
O KTÓREJ: 20:00
Piwnica pod Baranami
PIWNICA POD BARANAMI
Psiska i Psiaki

Bei Kanus und Schwänen

16 Am Stausee von Nowa Huta

Die Stadt Krakau verfügt über so manche grüne Oase direkt am Wasser und dafür muss man nicht unbedingt an die Weichsel gehen. Viele Wohlfühlecken gibt es auch im Ortsteil Nowa Huta, so zum Beispiel am Stausee Zalew Nowohucki, einem künstlichen Wasserreservoir, das sich aus dem nebenan fließenden Fluss Dłubnia speist. Umgeben von einem kleinen Park, ist der See ein perfekter Ort für ein Familienpicknick, eine Nordic-Walking-Runde oder für süßes Nichtstun.

Um den Stausee einmal zu umrunden, muss man einen guten Kilometer zurücklegen. Entlang der Spazierwege kann man auf kleinen Tafeln die Geschichte des Stausees nachlesen und die Fotos aus früheren Zeiten betrachten: Er wurde in den 1950er-Jahren angelegt, um der neu entstandenen Arbeitersiedlung Nowa Huta einen hohen Freizeitwert zu verleihen. Während des Spaziergangs ist eine kleine Verschnaufpause erlaubt – auf den gepflegten Wegen laden zahlreiche Sitzbänke, kleine Tische und Liegen zum Ausruhen ein. Währenddessen ziehen Schwäne und Enten am Betrachter vorüber, Seeschwalben fangen Insekten und Kormorane breiten ihre Flügel aus.

TIPP
Eine Kanufahrt auf dem Fluss Dłubnia unternehmen. Diese startet gleich am Zalew Nowohucki.

Für Sportbegeisterte finden sich hier Tennis-, Basketball- und Beachvolleyballplätze und von einer kleinen Anlegestelle starten Tretboote und Kanus. Auch passionierte Angler können hier ihrer Leidenschaft nachkommen, denn der See ist reich an Fischen. Am Stausee finden sogar regelmäßig Angelwettbewerbe statt. Auf die allerjüngsten Besucher warten ein kleiner Sandstrand und ein Spielplatz mit Schaukeln, Rutschen und Trampolinen.

Eine der letzten Neuerungen am Stausee von Nowa Huta ist ein Gradierwerk, an dem die Sole eine meterhohe Wand aus Reisig hinunterrieselt – hier können die Besucher Gutes für ihre Gesundheit tun. An heißen Tagen bietet der zarte Wassernebel der Sole-Anlage eine wohltuende Abkühlung. Besonders schön ist es im Herbst am Zalew Nowohucki, wenn sich die Bäume orange-golden färben und sich all diese Farben im Licht der untergehenden Sonne in den Wasserfontänen spiegeln. Oder im Winter, wenn die verschneiten Bäume besonders zauberhaft wirken.

- Zalew Nowohucki, ulica Bulwarowa, 31-978 Kraków
- ÖPNV: Bus 163, 174, 193, 501, Haltestelle Bulwarowa

Knusprig und wohlduftend

17

Besuch im Lebendigen Obwarzanek-Museum

„In Krakau gewesen zu sein und keinen Obwarzanek gegessen zu haben ist genauso, wie in Paris keine Baguette probiert zu haben!“, sagte Robert Makłowicz, der berühmte polnische Koch und Journalist, der weltweit Filme zu kulinarischen Themen dreht. Und zu Recht! Obwarzanki, geflochtene Hefekringel mit Mohn, Sesam oder Salz, die es an kleinen blauen Buden zu kaufen gibt, sind sowohl bei Krakauern als auch bei Gästen der Stadt beliebt. Angeblich werden täglich an die 150.000 Stück verkauft.

Allerdings hat das typische Krakauer Gebäck einen Nachteil – es schmeckt nur frisch und deshalb kann man es nicht auf Vorrat kaufen. Doch welch ein Glück: Es gibt in der Stadt einen Ort, an dem man in einem einstündigen Workshop lernt, Obwarzanki herzustellen. Dies wird im Lebendigen Obwarzanek-Museum angeboten. Die Kursleiterin Marta Krzyżek-Siudak verrät erst die Rezeptur des Teiges und führt dann mit eleganten Bewegungen vor, wie man daraus einen Kringel dreht: ca. 3 Zentimeter dick, mit einem Durchmesser von ca. 15 Zentimeter. Die Workshop-Teilnehmer bekommen ein Stück vorgefertigten Teig und dürfen alles nachmachen. Der Name des Gebäcks kommt von „Abkochen“, denn der geformte Kringel wird für etwa 10 Sekunden in heißes Wasser getaucht und danach mit Salz, Mohn oder Sesam bestreut. Kräutermischungen oder Käse – zwar nicht traditionell – sind mittlerweile auch erlaubt. Zum Schluss wird der Kringel im Ofen gebacken. Ein gelungener Obwarzanek ist innen weich, außen ganz knusprig und seine Oberfläche ist leicht bräunlich.

TIPP
Workshops mit Kindern erleben – Lernen und Spiel garantiert!

Beim Workshop können sich die Besucher zudem einen Film über die Geschichte des typischen Krakauer Snacks anschauen. Historische Quelle erzählen, dass das Gebäck zum ersten Mal 1394 in den Rechnungsbüchern der Königin Jadwiga erwähnt wurde. Bis ins 17. Jahrhundert durfte man Obwarzanki ausschließlich innerhalb der Stadtmauer herstellen. Heute haben lediglich acht zertifizierte Bäckereien dieses Privileg. Einen echten handgemachten Obwarzanek erkennt man übrigens am Backrost-Abdruck auf der unteren Seite. Guten Appetit!

- Żywe Muzeum Obwarzanka, ulica Ignacego Paderewskiego 4, 31-157 Kraków, Tel. +48 (6 00) 79 75 28, www.muzeumobwarzanka.com/?lang=en
- ÖPNV: Tram 2, 4, 14, 20, 24, Haltestelle Stary Kleparz

Zimt und Kardamom

18

Das Café Cheder in Kazimierz

Das Café Cheder ist ein einzigartiger Treffpunkt, an dem sich der Geist des Krakauer Kazimierz mit den Inspirationen aus Jerusalem und Tel Aviv verbindet. Eröffnet 2008 in einem ehemaligen jüdischen Gebetshaus, wird das Cheder derzeit vom Verein des Festivals für jüdische Kultur betrieben. Während dieses Festivals, das jährlich in Krakau stattfindet, verwandelt sich das Lokal in eine Bühne mit Lesungen, Filmvorführungen und Konzerten.

Der Name Cheder kommt aus dem Hebräischen und bedeutet so viel wie Zimmer oder Stube. So werden aber auch jüdische Grundschulen bezeichnet. Nicht umsonst ist das ruhige Café mit Internetanschluss einer der besten Plätze zum Studieren. Junge Menschen sitzen hier stundenlang mit ihren Laptops oder blättern in den Büchern.

TIPP

Den Tag mit einem Frühstück beginnen, mit Schakschuka aus pochierten Eiern oder Pita mit Humus.

Aber auch ohne Lernaufgaben kann man im harmonischen Ambiente des Cheders wunderbar entspannen. Der große, offene Raum mit dem Backsteingewölbe ist sehr gemütlich und komfortabel eingerichtet, mit viel Holz und Stoff. In soliden holzgeschnitzten Bücherregalen stehen Hunderte von Büchern zu jüdischen und nahöstlichen Themen in polnischer und englischer Sprache. Man sitzt am Tisch oder auf dem Boden, auf Kissen und ausgerollten Teppichen. Im Hintergrund spielt dezente Musik und untermalt die einladende Wohnzimmeratmosphäre.

Die Speisekarte ist orientalisch inspiriert. Hier finden sich vor allem Speisen und Getränke aus der israelischen Küche, darunter viele vegetarische Snacks. Das Markenzeichen des Cafés ist der exzellente Kaffee, gebrüht in original israelischen Tiegeln, Finjan. Ein Muss ist auch der Red Cappuccino mit Zimt und Honig. Für Teetrinker werden diverse Teesorten eigener Rezepturen in Kännchen und in großen Tassen angeboten. Der absolute Klassiker ist der „Tee Cheder" mit Kardamom, Zitrone und getrockneten Früchten. Sehr zu empfehlen ist auch die hausgemachte heiße Schokolade. Am besten bestellt man dazu noch zwei oder drei Stückchen Schokoladen- oder Pistazien-Baklava. Das Lokal serviert ferner israelische Weine sowie hausgemachte Liköre und Brände.

● Kawiarnia Cheder, ulica Józefa 36, 31-056 Kraków, Tel. +48 (5 15) 73 22 26
www.chedercafe.pl
● ÖPNV: Tram 3, 19, 24, 64, Haltestelle Św. Wawrzyńca

CHEDER

Fabelhafte Schmuckwelt

19

Die Galerie Ora beim Hauptmarkt

Jolanta Wrona liebt ihren Beruf, und das merkt man sowohl ihrer persönlichen Ausstrahlung als auch ihren kleinen Kunstwerken sofort an. Dass sie einmal Juwelierin wird, hatte sie schon als Kind beschlossen. Nach der Schule studierte sie plastische Kunst und machte ein Diplom in Linoleumschnitt und Grafik. Seit über 20 Jahren betreibt die Kunstschmiedin die eigene Galerie Ora unweit des Krakauer Hauptmarktes – ein Traumgeschäft für Liebhaber von ausgefallenem Schmuck. Zu kaufen gibt es hier originell designte Ringe, Armbänder, Ohrringe, Halsketten, Broschen und Anhänger. Dafür kombiniert die Kunstschmiedin verschiedene Metalle wie Kupfer, Gold und Silber und experimentiert mit Kristallen, Steinen und Seide.

Der Schmuck von Jolanta Wrona ist reich an floralen Motiven, und das nicht zufällig: Sie verweilt gerne in der Natur, sei es am Meer in der Ferne oder im botanischen Garten ihrer Heimatstadt. Von überall bringt sie echte Blüten und Blätter mit, die ihre Werke inspirieren. So ist eine der schönsten Kollektionen bei Ora dem Ginkgo-Blatt gewidmet. Raffinierte Broschen und Anhänger basieren auf der Form der Granatblume, einem Mitbringsel aus Griechenland. Auch sonst schöpft Jolanta Wrona Ideen und Anregungen aus der Natur und bildet Bienen, Meerestiere, Samen oder Muscheln nach. Zu ihrem Lieblingsmaterial gehören Perlen, da sie durch ihre Universalität bestechen. Perlenschmuck ist nicht nur zum Ausgehen bestimmt, man kann ihn ebenso lässig mit Jeans und Sneakern tragen. Gerne kombiniert die Künstlerin Perlen mit Bernstein und Korallen, die allesamt aus dem Meer kommen.

TIPP
Raffinierte Geschenkidee für einen besonderen Anlass: silberne Salz- oder Pfefferstreuer in Mohnkolbenform.

Manche Artefakte werden vergoldet, oxidiert oder emailliert und so entstehen bizarre Schmuckstücke, die das Auge durch ihre raffinierte Farbenpalette bezaubern. Hier kommen auch bunte Natursteine und Mineralien zu Hilfe, wie die blauen Türkise oder die grünen Smaragde, damit der Schmuck nicht nur das Auge erfreut, sondern damit er auch den Menschen, die ihn tragen, Freude schenkt und Energie verleiht. Damit er sie glücklich macht!

- Galeria Ora, ulica św. Anny 3, 31-088 Kraków, Tel. +48 (7 81) 66 12 12
https://oragaleria.com
- ÖPNV: Tram 6, 20, Haltestelle Uniwersytet Jagielloński

Perspektivwechsel am Wasser

20

Spazierwege an den Weichsel-Wiesen

Sechs Flüsse fließen durch Krakau, doch am abwechslungsreichsten ist die Weichsel. An ihren weitläufigen Wiesen kann man picknicken, den vorbeituckernden Schiffen zuschauen oder einfach im Gras liegen. Viel Genuss bieten Spaziergänge entlang des Weichselufers, von wo sich ein besonderer Blick auf viele Sehenswürdigkeiten bietet.
Ein guter Startpunkt ist der Dębnicki-Park, in dessen Nähe die Wiesen am längsten vom Sonnenlicht verwöhnt werden. Geht man flussabwärts in Richtung der Dębnicki-Brücke, erblickt man die malerischen Mäander der Weichsel, die das Königsschloss Wawel umrunden. Nebenan erhebt sich die barocke Silhouette des Paulinerklosters, dessen Basilika als das nationale Pantheon Polens gilt. Dem Schloss gegenüber ragt das riesige Kaufhaus Jubilat empor, eine Ikone der polnisch-sozialistischen Architektur der 1960er-Jahre.
Folgt man dem Flusslauf weiter, so kommt man zum Manggha-Museum. Jetzt kann man sich einen kurzen Zwischenstopp gönnen, um über eine kleine Fußgängerbrücke auf die Museumsterrasse zu gelangen und den Anblick des Wawels aus einer anderen Perspektive zu bewundern.
Der weitere Spazierweg verläuft unterhalb der Grunwaldzki-Brücke sowie am Hotel „Forum" vorbei. Dieses Viersternehaus aus den 1980er-Jahren galt einst als das modernste Hotel des Landes. Die Wendezeit hat es nicht überstanden, doch heute befindet sich im Erdgeschoss der berühmte Club „Forum Przestrzenie" mit origineller Küche und exklusiver Musik. Ein paar Minuten später erreicht man die stählerne Piłsudski-Brücke und gleich danach den Bernatka-Steg mit bizarren schwebenden Figuren. Von hier aus führt eine steinerne Treppe direkt zum französischen Lokal Zakładka. Frisch gestärkt, geht es weiter bis zum Museum Cricoteka und sogar bis zum Stadtteil Zabłocie, um dann den Spaziergang am architektonisch beeindruckenden Museum für zeitgenössische Kunst MOCAK zu beschließen. Unwiderstehlich romantisch ist die Weichsel übrigens bei Nacht, wenn die Wasseroberfläche Tausende bunte Lichter widerspiegelt.

TIPP
Entlang der Weichsel liegen historische Schiffe vor Anker mit Gastronomiebetrieb und Tanzmusik.

● Weichsel-Wiesen, Startpunkt: Park Dębnicki, ulica Praska, 30-322 Kraków
● ÖPNV: Bus 112, 162, Haltestelle Zielińskiego

Auf königlichen Spuren

21 Das Schloss Wawel

Über die Entstehung Krakaus gibt es zahlreiche Legenden. Die schönste erzählt vom Ritter Krak, der einen Drachen tötete und dann über seiner Höhle auf dem Wawel-Hügel den Grundstein für die Stadt legte. Historisch gesichert ist diese Erzählung nicht. Ganz sicher ist hingegen, dass Bolesław der Tapfere um das Jahr 990 die Stadt Krakau eroberte und dann auf einer Anhöhe an der Weichsel eine Burg errichten ließ. So begann die Geschichte des königlichen Schlosses Wawel, von dem aus drei große Dynastien – Piasten, Jagiellonen und Waza – das Land vom 11. bis ins 16. Jahrhundert regierten.

Am Nordeingang zum Schloss passiert man zunächst das imposante Wappentor und geht am Kościuszko-Denkmal vorbei, um dann zu einer prächtigen Kathedrale zu gelangen, in der fast alle polnischen Könige gekrönt wurden. Sie ist auch die Grablege prominenter Bürger Polens. Durch eine großartige Parkanlage führt der Weg zum Schloss. Mehrfach wurde die Burganlage im Laufe der Jahrhunderte umgebaut. Ihr Herzstück bildet der asymmetrische Arkadenhof im Renaissance-Stil, der an florentinische Paläste erinnert. Die doppelstöckigen Loggien sind mit Fresken verziert und der umlaufende Fries zeigt Porträts polnischer Könige. Im Schlossinneren sind die königlichen Wohn- und Repräsentationsräume mit historischen Bildern, Möbeln und Tapisserien sehr sehenswert. Weltberühmt ist zum Beispiel die Sammlung der Gobelins des 16. Jahrhunderts aus Brüssel und Arras. Der größte Teppich trägt den Namen „Paradies“ und hängt im Senatorensaal. Ein einmaliges Exempel der Renaissance-Kunst ist im Gesandten-Saal zu sehen: die Holzbalkendecke mit geschnitzten Portraitköpfen.

TIPP
Der Arkadenhof Wawels dient im Sommer als Kulisse für Festivals, so zum Beispiel „Wawel in der Dämmerung“.

Keinesfalls versäumen sollte man den Ausblick auf die südliche Umgebung Krakaus von der Festungsmauer aus. Weit in der Ferne erblickt man gar das Tatra-Gebirge. Unterhalb der Terrasse hauste einst der furchtbare Wawel-Drache. Neugierige Gäste können über die Wendeltreppe zur Drachenhöhle hinuntersteigen.

- Zamek Królewski na Wawelu, Wawel 5, 31-001 Kraków, Tel. +48 (12) 4 22 51 55 https://wawel.krakow.pl/en
- ÖPNV: Tram 1, 2, 3, 4, 6, Haltestelle Wawel

Von Apfel bis Zitrone

22

Der traditionelle Markt Kleparz

Verlässt man die Krakauer Innenstadt in nördlicher Richtung, so trifft man gleich hinter den Planty, unweit der Basztowa-Straße, auf einen der traditionsreichsten Märkte, den Stary Kleparz. Seit Jahrhunderten wird hier ununterbrochen mit den besten einheimischen und exotischen Waren gehandelt. An unzähligen überdachten Ständen aus Backstein findet man alles, was das Herz begehrt: von Brot und Milchprodukten über Süßigkeiten bis hin zu frischen Blumen und gar Haushaltswaren und Kleidung. Eigentlich genauso wie in einem großen Kaufhaus, könnte man sagen. Und dennoch ist das Einkaufserlebnis auf dem Markt irgendwie anders – lebendiger, angenehmer und interessanter. Stary Kleparz zieht zu jeder Tageszeit mit seiner quirligen Atmosphäre das Publikum an und erfreut das Auge mit der bunten Vielfalt des Angebots.

TIPP

Nicht traditionell, aber sehr lecker: die Falafel-Ecke auf dem Markt!

Gleich hinter dem eisernen Eingangstor des Marktes beginnt das Obst-, Gemüse- und Kräuter-Paradies. Akkurat nebeneinandergelegt und aufeinandergestapelt, immer wieder einmal mit Wasser besprüht, damit die Frische erhalten bleibt, stehen ganze Pyramiden von Früchten und verführen mit ihrem Farben-Potpourri und wohligen Düften: rote Äpfel und Tomaten, gelbe Zitronen, Maiskolben und Paprika, orange Kürbisse, grüne Gurken und Erbsen – alles, was gerade Saison hat!

An den bunten Marktständen vorbeischlendernd, erreicht man die üppig bestückte Molkereiecke. Kaum taucht ein Kunde auf, zückt der Käsehändler sein Messer und schneidet ihm kleine Käsestückchen zum Probieren ab. Einen echten Landkäse bitte schön? Süß oder würzig? Oder geräuchert? Ein paar Schritte weiter gelangt man in die Fleisch- und dann in die Fischabteilung. Hier und dort probiert man die erlesenen Leckerbissen, plaudert mit den Verkäufern und sucht sich die schmackhaftesten und schönsten Dinge aus, die gleich in der Einkaufstasche landen. Wahrhaftig ein Schlaraffenland! Man sollte Zeit mitbringen und sich einfach treiben lassen.

- Stary Kleparz, ulica Rynek Kleparski 20, 31-150 Kraków
- ÖPNV: Tram 2, 4, 14, 20, 24, Haltestelle Stary Kleparz

OLIWKI
NABIAŁ
10-KG
20
6-KG
250

Herrliche Weite

23 Aussicht am Schloss Wartenberg in Przegorzały

Sucht man in Krakau nach einem stillen, romantischen Ort, so begibt man sich am besten in den Wolski-Wald und dann in den Stadtteil Przegorzały. Hier, im Naturreservat Skałki Przegorzalskie, abseits vom Lärm der Stadt, versteckt sich ein wahrer Glücksort – das Schloss Wartenberg, das auf einem mit Buchen, Tannen und Lärchen bewachsenen Hügel oberhalb der Weichsel steht.

In den späten 1920er-Jahren erbaute der bekannte polnische Architekt Adolf Szyszko-Bohusz (1883–1948) auf einem emporragenden Felsen zunächst seine Villa Bastei und gut 15 Jahre später während des Zweiten Weltkrieges entstand neben der Villa das Schloss Wartenberg – ein dreistöckiges Bauwerk, dessen Umrisse sich wunderbar in das gewölbte Profil des Kalksteinfelsens einfügen. Sein massives pseudobarockes Eingangsportal an der Nordfassade ist einzigartig für die Krakauer Architektur. Die Terrasse an der Frontseite stützt sich auf steinerne Arkaden.

Dieses Bauwerk hat eine wechselvolle Geschichte, nur als Schloss wurde es kaum genutzt. Bis vor wenigen Jahren gehörte das Gebäude der Jagiellonen-Universität, weshalb der Ort recht belebt war. Derzeit beherbergt Schloss Wartenberg im Erdgeschoss ein Restaurant und im darunterliegenden Stockwerk ein Café mit einer großen einladenden Aussichtsterrasse. Die Gaststätte bietet den Gästen neben der freundlichen Bewirtung ein unvergleichliches Panorama, das wirklich jeden Cent wert ist: Man blickt über die sanften Wellen der Weichsel, die ihr Wasser in Richtung Altstadt trägt. Auf dem benachbarten Hügel erhebt sich die zweitürmige Silhouette der Kathedrale des Kamaldulenser-Klosters. Aus der Ferne grüßt der polnische Teil der Beskiden und bei gutem Wetter erblickt man sogar die zackigen Spitzen der Hohen Tatra.

Dank der zentrumsfernen Lage von Przegorzały kann man hier abseits der Touristenströme die Ruhe genießen und dem Rauschen des Flusses lauschen. Wenn es die Zeit erlaubt, empfiehlt es sich, die meditativen Waldwege oberhalb des Schlosses zu erkunden.

● Zamek w Przegorzałach, ulica Jodłowa 13, 30-251 Kraków-Przegorzały
● ÖPNV: Bus 109, 209, 239, 259, Haltestelle Przegorzały

13

Der Ort des süßen Glücks

24 Im Honigladen Pasieka am Szczepański-Platz

Neben den vielen schicken und auffällig gestalteten Geschäften in seiner direkten Nachbarschaft wirkt dieser Laden etwas bescheiden. Erst auf den zweiten Blick entdeckt man ihn als einen Glücksort, um ihn dann aufrichtig lieb zu gewinnen. Die Rede ist von einem kleinen Honiggeschäft am plac Szczepański mit Namen Pasieka, was ins Deutsche übersetzt Bienenhäuschen bedeutet. Der Laden besteht seit den 1950er-Jahren, also schon eine ganze Weile, und ist unter den Einheimischen wohlbekannt. Echte Bienen trifft man hier nicht, dafür aber eine erlesene Honigauswahl: Akazien-, Linden-, Wald-, Buchweizen-Honig und viele mehr. Vom hellen Gold bis zum dunklen Braun reicht die Farbpalette der mit süßem Inhalt befüllten Gläschen diverser Größen. Diese reiche Auswahl stammt aus vielen kleinen Imkereien, die dem Imkerverband Polens angehören.

Honig gibt es hier auch in flüssiger Form: Hinter dem Namen Dominikański dwójniak verbirgt sich beispielsweise ein mild schmeckender Met aus Nektarhonig, der im Regal in einer eleganten Flasche posiert. Ein anderer Klassiker ist der Met Dwójniak Staropolski mit tiefem und würzigem Geschmack, der unter Zugabe von Himbeersaft hergestellt wird.

Neben den verführerischen Honiggläschen und Metfläschchen bietet der Laden eine erlesene Auswahl an Kosmetika, die sich Imkereiprodukte wie Wachs oder Propolis zunutze machen. Wie wäre es zum Beispiel mit der Augencreme „Ägyptische Schönheiten“ mit Honigextrakt? Oder einer Lotion namens „Honigbalsam“? Für das gesundheitliche Wohlbefinden bekommt man verschiedene Propolissalben und -tropfen. Das Angebot wird durch eine große Palette an Kerzen verschiedenster Formen und Größen abgerundet, selbstverständlich aus echtem Bienenwachs. Es ist erstaunlich, welche Fülle unterschiedlicher Produkte man in den Regalen dieses kleinen Ladens entdeckt! Eine sehr gemütliche Ecke zum Stöbern und eine große „süße“ Verführung für den Geldbeutel, die man ohne jegliche Reue verschmerzt.

TIPP

Das „Gesundheitselixir“, ein Mix aus mehreren Honigsorten, Blütenpollen und Kräutern – köstlich!

- Pasieka, plac Szczepański 8, 31-011 Kraków, Tel. +48 (8 85) 14 11 15 http://sklep.wzp-krakow.pl
- ÖPNV: Tram 2, 4, 14, 18, 20, Haltestelle Teatr Bagatela

PROPOLIS
API GOLD

Der Geschichte auf der Spur

25 Krakus-Hügel in Podgórze

Den Besuch des Krakus-Hügels sollte man sich auf keinen Fall entgehen lassen! Er ist eine Traumoption für alle, die malerische Aussichten mit viel Grün und Geschichte lieben. Bereits auf den ersten Blick erkennt man, dass es nicht einfach ein kleiner grüner Berg ist. Ungewöhnlich und magisch steht er in der Landschaft. Wo liegt eigentlich sein Ursprung? Wer diesen Hügel erklimmt, nähert sich der Stadtgeschichte aufs Engste: Er ist nach dem legendären Stadtgründer Krak oder Krakus benannt, der – wenn man einer alten Legende traut – den fürchterlichen Wawel-Drachen besiegt hatte. Nach Krakus' Tod schütteten ihm die treuen Bürger auf einem natürlich gewachsenen Berg unweit der Stadt ein 16 Meter hohes Ehrengrab auf. Diesen Hügel erwähnt der polnische Geograph und Historiker Jan Długosz in seinen im 15. Jahrhundert verfassten Chroniken. Archäologische Untersuchungen haben jedoch gezeigt, dass der Krakus-Hügel bereits zu Beginn des 8. Jahrhunderts angelegt war.

TIPP
Mit Knabbereien den ereignisreichen Tag bei Sonnenuntergang am Krakus-Hügel ausklingen lassen.

Die grüne Oase im Stadtteil Podgórze erdet und beflügelt zugleich. Sie ist gleichermaßen ein Eldorado für Spaziergänger und Mountainbiker. Auf die Spitze führt ein schmaler spiralförmiger Weg. Oben angekommen, kann man sich den Kopf vom Wind freipusten lassen. Der Krakus-Hügel ist aber auch ein perfektes Ziel für einen romantischen Spaziergang zu zweit. Einzigartige Panoramen eröffnen sich hier zu jeder Tageszeit. Zum Greifen nah wirken die Kathedralen der Altstadt, das Wawel-Schloss, die Gassen von Kazimierz und Podgórze, der Wolski-Wald und der Steinbruch Liban, vor dessen Kulisse Steven Spielberg seinen Film „Schindlers Liste" drehte. Einmal im Jahr geht es am Krakus-Hügel besonders lebhaft zu, nämlich kurz nach Ostern, wenn das historische Rękawka-Fest veranstaltet wird. Für einige Tage kann man sich in den mittelalterlichen Alltag zurückversetzen und dabei die traditionellen Ritterturniere erleben, mittelalterliches Handwerk kennenlernen und Speisen und Getränke probieren, die nach alten Rezepten zubereitet werden.

- Kopiec Krakusa, 30-543 Kraków
- ÖPNV: Tram 3, 6, 9, 11, 13, Bus 669, Haltestelle Cmentarz Podgórski

Lokale Glücklichmacher

26 Im Hello Handmade in der Floriańska-Straße

In der Krakauer Flaniermeile Floriańska locken zahlreiche Geschäfte mit ihren Angeboten, sodass man gar nicht so recht weiß, wo man mit dem Shopping beginnen sollte. Eine Empfehlung für alle Fälle: Hello Handmade. Dieses kleine Geschäft für Kunst und Handwerk verspricht allein schon durch seine bunte Auslage ein vergnügliches Einkaufserlebnis und wenn man hineingeht, wird man nicht enttäuscht! Der Laden hält allerlei Schönes für jeden Geschmack und jeden Geldbeutel bereit. Die Besonderheit: Hier werden ausschließlich Erzeugnisse polnischer Künstler und Produzenten verkauft. Die meisten Produkte sind handgearbeitet und stammen aus Krakau und der näheren Umgebung. Ein sehr beliebtes Mitbringsel sind exklusive Krakauer Socken von Gliniana Kura oder von Love Poland Design – mit witzigen Motiven oder aber mit verschiedenen Abbildungen der Krakauer Sehenswürdigkeiten. Man kann diese Accessoires wunderbar als Andenken mitnehmen und so hätte man zum Beispiel die berühmten Tuchhallen oder den kleinen grünen Drachen, das Symbol der Stadt, stets bei sich! Falls in der Tasche noch etwas Platz ist, ist die raffinierte Kollektion der Keramiken zu empfehlen. Besonders ausgefallen sind die Tassen aus der Keramikwerkstatt Lempikuppi. Verführerische Eyecatcher sind auch die einzigartigen Schmuckerzeugnisse: Wie wäre es mit ein paar schicken Ohrringen? Beispielsweise aus Porzellan, hergestellt im Atelier UULI? Dann hat man die Qual der Wahl zwischen den unterschiedlichsten Formen: Blumen, Sterne, Halbmonde, Blätter, Herzchen und Schmetterlinge, vergoldet, versilbert oder platiniert.

TIPP
Im Laden eine Postkarte besorgen und ganz altmodisch im nächsten Café an die Familie schreiben.

Falls man noch etwas Ordnung in die Wohnung bringen möchte, bieten sich fantasievoll gestrickte Körbe an. Weiterhin gibt es Schlüsselanhänger, Spielzeug, handgenähte Tragetaschen, Postkarten, kleinere und größere Souvenirs aus Holz, Glas und Textil – und das ist längst nicht alles! Das Sortiment ist vielfältig, sodass man länger stöbern möchte. Freundliche Verkäuferinnen helfen gerne bei der Auswahl und erzählen dabei über die Werkstätten, aus denen die Waren stammen.

- Hello Handmade, ulica Floriańska 20, 31-021 Kraków, Tel. +48 (6 06) 10 57 51
- ÖPNV: Tram 2, 3, 4, 14, 20, 24, Haltestelle Teatr Słowackiego

37-41
Skarpetki
35-38
SKARPETKI
37-41
Skarpetki
PIEROGI
MADE IN POLAND
42-46
Skarpetki
STARE MIASTO
VOLHA
VOLHA
ceramikarnia
ceramikarnia
ceramikarnia
VOLHA
VOLHA

Traumhaft gebettet

27

Hotel Indigo Krakau – Old Town

In Krakau in einem eleganten Boutique-Zimmer übernachten? Warum nicht? Die beste Adresse dafür ist das Hotel Indigo Krakau Old – Town unweit des Hauptbahnhofs. Dieses 2016 neu gestaltete Haus bietet seinen Gästen ein Erlebnis einzigartiger Gemütlichkeit in Verbindung mit modernem Design.

Gleich in der Lobby wird man von Kunst begrüßt – an allen Wänden hängen Bilder junger Krakauer Künstler. Von Etage zu Etage geht man durch ein aufwendig restauriertes Treppenhaus, in dem der Charakter des 1836 erbauten Hauses zu spüren ist. Korridore und Gästezimmer sind in ihrer Gestaltung von den Gemälden dreier berühmter Meister inspiriert – des Historienmalers Jan Matejko (1838–1893), des polnischen Jugendstil-Künstlers Stanisław Wyspiański (1869–1907) und des Vertreters der sakralen und figurativen Kunst Jerzy Nowosielski (1923–2011). Neu interpretiert werden ihre Werkmotive bei dem dezent geschmackvollen Interieur eingesetzt. Alle Räume sind individuell und kreativ gestaltet und jedes kleinste Detail ist bis hin zu den farblich einwandfrei angepassten bunten Kacheln der Bäder wohldurchdacht. Seine kunstvolle Gestaltung verdankt das Hotel unter anderem einem seiner Eigentümer – dem Architekten Filip Adamczyk, der hier nicht nur seine Kunstfertigkeiten, sondern auch sein Herz investiert hat. Man hat das Gefühl, die Eigentümer laden Gäste in ihr privates Wohnhaus ein, in dem man sich sofort wohlfühlt.

Im Erdgeschoss beherbergt das Haus zudem ein schickes Restaurant mit exklusiver Küche. Vom benachbarten Markt Stary Kleparz mit frischen regionalen Produkten lässt sich der Chefkoch Marcin Sołtys zu seinen köstlichen, typisch galizischen Gerichten inspirieren. Ein Highlight des Hotels ist die Sky-Bar mit der Dachterrasse im sechsten Stock. Von dort aus öffnet sich der Ausblick über die Dächer Krakaus bis hin zum Kościuszko-Hügel. Nach einem abwechslungsreichen Tag kann man hier am Abend ein Gläschen Wein trinken, danach zufrieden in die Kissen sinken und sich auf den nächsten glücklichen Tag freuen!

TIPP

Im Restaurant kann man bei einem besonderen Event verschiedene polnische Koch-Stars erleben.

- Hotel Indigo Krakau – Old Town, ulica św. Filipa 18, 31-150 Kraków, Tel. +48 (12) 3 00 30 30, www.ihg.com/hotelindigo
- ÖPNV: Tram 2, 4, 14, 20, 24, Haltestelle Stary Kleparz

Architektonisches Wunder

28 Małopolski-Kunst-Garten in der Rajska-Straße

Zwischen den Straßen Rajska und Szujskiego steht eines der außergewöhnlichsten Gebäude der Stadt, das manche das Krakauer Centre Pompidou nennen. Es ist der Małopolski-Kunst-Garten. Nach Plänen des Architektenhauses Ingarden & Ewý errichtet, wirkt das Haus architektonisch wie von einer anderen Galaxie. Und dennoch harmoniert es in seiner gesamten Gestalt hervorragend mit den umliegenden historischen Häusern. Durch das Gerüst der durchbrochenen Fassade blickt ein Gebäude aus hundertjährigen Backsteinen hindurch. Das Ganze ist eine glückliche Vermählung neuartiger Architektur und historischer Bausubstanz. In seinem Inneren findet sich eine große polyfunktionale Halle für allerlei kulturelle Veranstaltungen und Begegnungen. Man betritt das Gelände durch einen liebevoll angelegten Innenhof, der mit zahlreichen kleinen Beeten geschmückt ist – nicht umsonst wird das Gesamtwerk als Garten bezeichnet. Der Architekt hat im perforierten Dach eine Öffnung gelassen, durch die der gepflanzte Ahornbaum wachsen kann.

TIPP
Die abendliche stimmungsvolle Beleuchtung lässt das Haus noch imposanter erscheinen!

Der Kunst-Garten stellt ein modernes multimediales Kulturzentrum dar, in dem Kunst jeder Richtung zur Geltung kommt. Kaum ein Festival findet in Krakau statt, ohne dieses außergewöhnliche Areal als Veranstaltungsort zu nutzen. Im äußeren Bereich finden Happenings und Freiluftinstallationen statt, im inneren Theatervorstellungen, Konzerte, Ausstellungen und Filmvorführungen. An diesem Ort präsentieren vor allem jene Künstler ihre Projekte und Werke, die mit neuen, experimentellen Ausdrucksformen arbeiten. So zum Beispiel „Der Senster“ von Edward Ihnatowicz, eine digital gesteuerte kinetische Installation, die ursprünglich für das Evoluon in Eindhoven konstruiert wurde.

Der Kunst-Garten ist ein Ort, den man unbedingt gesehen haben muss! Fast jederzeit erwischt man hier eine interessante Veranstaltung. Aber auch außerhalb von Events ist das Haus eine wunderbare Adresse für Begegnungen jeder Art, beispielswiese im sympathischen gemütlichen Café.

- Małopolski Ogród Sztuki (MOS), ulica Rajska 12, 31-124 Kraków, Tel. +48 (12) 3 75 21 50, https://teatrwkrakowie.pl/en
- ÖPNV: Tram 2, 4, 14, 18, 20, Haltestelle Teatr Bagatela

Małopolski Ogród Sztuki

Schlaraffenland aus Tee

29

Der Teeladen Herbaty Świata unweit des Hauptmarktes

Seit 1991 zieht es Teeliebhaber in Krakau in die Straße des heiligen Johannes, denn hier befindet sich der Nabel der Krakauer Tee-Welt: ein kleiner Laden mit dem Namen Herbaty Świata (auf Deutsch: „Die Tees der Welt“). Das Geschäft verkauft unzählige Teesorten, ganz gleich, was das Herz begehrt – weiß, schwarz, grün und natürlich bunt! Schon beim Betreten des Ladens empfängt die Gäste der zauberhafte Duft der köstlichen Frucht-, Blüten- und Blattmischungen. Wilde Rose, Ingwer, Orangenschalen ... Man weiß nicht so recht, wo man anfangen soll. Da hilft schon mal ein Tipp der freundlichen Bedienung: Wie wäre es mit dem japanischen Gyokuro-Tee? Dieser erlesene Grüntee schmeckt sehr fein und vollmundig. Sehr begehrt bei der Kundschaft ist auch Yunnan Gold, ein besonderer Schwarztee aus der Provinz Yunnan in China, die über eine lange Teetradition verfügt. Diese Sorte wird als Juwel unter den chinesischen Schwarztees gehandelt.

In der vorweihnachtlichen Zeit ist die Mischung Piernikowa mit Lebkuchenaroma angesagt. Ansonsten muss man sich von der eigenen Nase leiten lassen. Sehr verlockend ist die Fruchtmischung Dama Kier, bestehend aus Apfelstückchen, kandierten Cranberrys, Hibiskus, Rosinen, Rosenschalen, Johannisbeeren und Rosenknospen. Ungewöhnlich, jedoch unwiderstehlich gut ist auch die Sencha-Mangobell-Sorte, die neben den Blättern des grünen Tees auch Mango-Stückchen, Blüten der Kornblume und der Ringelblume sowie Mirabellenaroma enthält.

Besondere Glücklichmacher des Hauses sind Tea-Balls, die im heißen Wasser wundervoll wie eine Blume aufgehen – das Auge trinkt ja schließlich auch mit! Falls dem Kunden noch ein hübsches Kännchen, ein Wasserthermometer oder ein Matcha-Besen fehlen, hat die Verkäuferin in Sekundenschnelle die richtigen Utensilien zur Hand. Eines ist sicher: Nachdem man sich an diversen Teesorten nun glücklich geschnuppert hat, wird man nicht nur mit einem einzigen Päckchen in der Einkaufstasche aus dem Laden herauskommen. Geöffnet ist das Teeparadies Montag bis Freitag von 10 bis 18 Uhr und am Samstag von 10 bis 15 Uhr.

- Herbaty Świata, ulica św. Jana 24, 31-018 Kraków, Tel. +48 (12) 4 27 21 33 www.herbaty-swiata.com
- ÖPNV: Tram 2, 4, 14, 18, 20, Haltestelle Teatr Bagatela

PU ERH TROPIK
YOGA
LEŚNA
IRISH DREAM
IRISH CREAM
MADAGASKAR
SOCZYSTA BRZOSKWINIA
ARBUZ Z MIETA

Viel Platz für die Liebe

30

Auf der Bernatek-Brücke zwischen Kazimierz und Podgórze

In Krakau hat die Liebe noch ganz viel Platz! Nicht weniger als in Paris. Woher weiß man nur das? Na, ganz einfach. Um sich davon zu überzeugen, muss man nur einmal über die Fußgänger-Brücke über die Weichsel gehen, welche die Stadtteile Podgórze und Kazimierz verbindet. Sie wurde 2010 errichtet und trägt den Namen des Kanonikers Laetus Bernatek, der im 19. Jahrhundert die Stiftung des Bonifrater-Krankenhauses in Krakau initiierte.
Betrachtet man diese Brücke im Profil, so fällt als Erstes ein überdimensionaler, 145 Meter langer Stahlbogen auf, an dem auf beiden Seiten zwei Stege fixiert sind – einer für Fußgänger und einer für Fahrradfahrer. Obwohl die gesamte Konstruktion an die 700 Tonnen wiegt, wirkt sie luftig-leicht.

TIPP
Farbenfrohe Illuminationen gibt es am Abend dank unzähligen LED-Lichtern, die im Geländer installiert sind.

Kommt man der Brücke etwas näher, so kann man die schwebenden Figuren von Jerzy Kędzior bewundern, die in einem kunstvollen Metall-Geflecht zwischen Himmel und Wasser balancieren. Ursprünglich waren sie als eine vorübergehende Open-Air-Installation konzipiert. Jedoch gewannen diese Kunstwerke bei den Einheimischen eine solch große Beliebtheit, dass die Stadt sich entschloss, sie dem Künstler abzukaufen.
Die Bernatek-Brücke ist aber nicht ausschließlich wegen der Kunst sehenswert. Sie ist zugleich ein ultimativer Glücksort sowohl für Krakauer als auch für Gäste, denn sie ist zu einem symbolischen Ort der Liebe geworden. Geht man den Steg entlang, stößt man auf Tausende von Liebesschlössern in allen Größen und Farben, deren Anblick die Herzen aller Passanten erfreut. Der Brauch, ein Vorhängeschloss mit den eingravierten Namen an dem Metallgeflecht der Fußgängerbrücke anzubringen und anschließend den Schlüssel in die Weichsel zu werfen, ist inzwischen zu einer beliebten Tradition für Liebende geworden. In Sachen Liebe kann also die Krakauer Bernatek-Brücke durchaus mit der Pariser Pont des Arts oder der florentinischen Ponte Vecchio mithalten! Außerdem bietet die Brücke herrliche Aussichten auf die Weichsel und das Tadeusz-Kantor-Museum Cricoteka.

- Kładka Ojca Bernatka, Zugang über ulica Nadwiślańska, 30-527 Kraków
- ÖPNV: Tram 1, 2, 3, 4, 6, 11, 13, Haltestelle Korona

Liebe geht durch den Magen

31 Im Noworolski-Café in den Tuchhallen

Was macht dieses stilvolle Café am Hauptmarkt zum Glücksort? Sein Besitzer Wojciech Noworolski ist um keine Antwort verlegen: „Weil mein Urgroßvater hier sein Glück gefunden hat!" Jan Noworolski, der aus Lemberg stammte und dort bereits zwei Konditoreien führte, entschied sich 1909, mitsamt Familie nach Krakau umzuziehen. Nun suchte er in der neuen Heimat nach einem schönen Platz für seine Backkunst und seine Wahl fiel auf die prachtvollen Räume in den Tuchhallen. Für die Neueinrichtung gab er ein Vermögen aus. Alle Möbel wurden aus bestem Holz maßgefertigt. Gleich am Eingang schmeichelt dem Auge das Jugendstil-Buffet mit einer großen Lade aus italienischem Alabaster. Das Lokal besteht aus drei Sälen, jeder von ihnen ist individuell gestaltet und mit polychromen Decken geschmückt.

TIPP
Hier einen Abend mit einem Gläschen Wein verbringen und das bunte Treiben am Hauptmarkt beobachten.

Den guten Geschmack und den Sinn für gute Qualität sieht man dem Café, das im klassischen Kaffeehausstil eingerichtet ist, bis heute an. Wohl am schönsten ist der sogenannte Damensalon, in dunklem Rot und in Weiß gehalten, wo sich zu Beginn des 20. Jahrhunderts die vornehmen Damen trafen. Die Wände sind entweder üppig bemalt oder mit viereckigen und ovalen Spiegeln und erlesenen Tapeten dekoriert. Auch die Speisen, die heute im Menü stehen, werden nach Großvaters Rezepten zubereitet. Dabei werden ausschließlich natürliche Zutaten verwendet. Jedes Gebäck muss spätestens nach 72 Stunden verkauft sein, doch meistens sind die Leckereien bereits vorher ausverkauft!

Die Stammkunden des Cafés Noworolski schwören auf die köstlichen Cremeschnitten. Sehr zu empfehlen ist auch die Sachertorte: Angeblich konkurriert sie mit dem Wiener Pendant! Wojciech Noworolski ist jedoch besonders stolz auf seine eigene Kreation, die er „Fantasie" nennt. Bis jetzt hat es niemand geschafft, sein Rezept zu kopieren. Diese Torte wird aus dreierlei Schokoladensorten hergestellt, die der Konditormeister auf seine besondere und natürlich geheime Art und Weise komponiert. Vor dem Verzehr wird sie eingefroren, denn diese Delikatesse genießt man kalt. Da geht die Liebe garantiert durch den Magen!

- Kawiarnia Noworolski, Rynek Główny, Sukiennice, 31-116 Kraków, Tel. +48 (12) 4 22 47 71
- ÖPNV: Tram 2, 4, 8, 13, 14, Haltestelle Teatr Bagatela

Shopping mit viel Humor

32 Im Laden Pan tu nie stał in Podgórze

Beim Schlendern durch Podgórze trifft man unweit der Cricoteka auf einen kleinen Laden mit dem wundersamen Namen „Pan tu nie stał". Diesen Ausdruck, der auf Deutsch so viel wie „Sie haben hier nicht gestanden" bedeutet, kennt man in Polen aus den sozialistischen Zeiten, als das Einkaufen – vor allem in den frühen 1980er-Jahren – noch mit stundenlangem Schlangenstehen einherging. Diese Zeiten sind längst vorbei, doch der Humor, mit dem man damals den Alltag zu bewältigen versuchte, lebt weiter. Diese polnische Heiterkeit machte sich ein in der Stadt Łódź ansässiges Familienunternehmen für seine kreativen Design-Ideen zunutze und prägte die Marke „Pan tu nie stał". Die Firma ließ sich von kulturellen Artefakten der kommunistischen Ära inspirieren, um witzige moderne Hipster-Kleidung sowie typografische Produkte zu kreieren. Ihre Erzeugnisse führen bislang nur vier Geschäfte in ganz Polen, eines davon wartet auf seine Besucher in Krakau in der Nadwiślańska-Straße.

Beim Stöbern im Laden stößt man auf T-Shirts im Retro-Look mit Symbolik der Polnischen Volksrepublik, auf Radfahrzubehör, Gürteltaschen mit der Aufschrift „Cześć" („Hallo"), Umhängetaschen, klassische henkellose Tassen, Nostalgie-Fotoalben, Poster, Postkarten und gar Schokolade – allerlei nützliche Alltagssachen für „Gesunde und Kranke", wie es manche Aufschriften verraten. Vor allem gute Wortspiele und witzige Bilder, die an den polnischen Lifestyle der 1980er-Jahre anknüpfen, zeichnen die Produkte aus. Alles, was es im Laden zu kaufen gibt, wurde von regionalen Künstlern entworfen und mit viel Liebe und Sorgfalt in kleinen Werkstätten und Ateliers produziert. Massenware gibt es hier nicht. Importwaren ebenso nicht.

Das Geschäft ist eine gelungene Kombination aus Nostalgischem und hippem Style, und das macht einen Teil seines Charmes aus. Das Sortiment ist vielfältig und bereitet all jenen viel Freude, die guten Humor schätzen. Auch wenn man gar nichts Konkretes sucht, wird man bei „Pan tu nie stał" fündig – auf die eine oder andere Weise.

● Pan tu nie stał, ulica Nadwiślańska 9, 30-527 Kraków, Tel. +48 (6 67) 43 26 71
www.pantuniestal.com

● ÖPNV: Tram 3, 17, 19, 24, 69, Haltestelle Plac Bohaterów Getta

KTÓRĘDY DO YELLOWSTO
Animal
KALEIDOSCOPES
TATT
OOS
ENJOY THE FOREST
Lampka

Akademische Mußestunden

33 Im Café U Pęcherza am Collegium Maius

In der Jagiellońska-Straße unweit des Hauptmarktes befindet sich das älteste Gebäude der Jagiellonen-Universität. Hier stand einst das Haus des Bürgers Stefan Pęcherz, welches ihm König Władysław II. Jagiełło im Jahr 1400 abkaufte, um es später der 1364 gegründeten Krakauer Alma Mater zu stiften. Ende des 15. Jahrhunderts wurden an dieser Stelle mehrere Bürgerhäuser zusammengelegt und durch einen zentralen Arkadenhof verbunden. So entstand das Collegium Maius, ein großartiges Beispiel gotischer Architektur. Hier befanden sich einst universitäre Hörsäle, in denen Studenten aus ganz Europa zu ihren Lektionen zusammenkamen. Von 1491 bis 1495 drückte hier auch der Astronom Nikolaus Kopernikus, der spätere Entdecker des heliozentrischen Weltbildes, die Bank. Heute beherbergt das Collegium Maius das Universitätsmuseum, in dem unter anderem eine einzigartige Sammlung astronomischer Instrumente aus der zweiten Hälfte des 15. Jahrhunderts zu sehen ist.

Doch große Erkenntnis und Weisheit kommt ohne Kaffee nicht aus! Im Kellergewölbe des historischen Hauses findet sich das Café „U Pęcherza", dessen Name auf seinen ersten Besitzer verweist. In der Stille der historischen Räume kann man aromatischen Kaffee und hausgemachte Kuchen genießen, lesen, nachdenken oder einfach ausruhen. Ist einem eher nach belebter Stimmung zumute, kann man es sich ebenso an einem Tisch im lauschigen Arkadenhof gemütlich machen. Hin und wieder schauen Touristengruppen herein, um das Glanzstück des Collegiums zu erleben: eine historische Spieluhr. Täglich um 9, 11, 13, 15 und 17 Uhr ertönen die Klänge alter Hofmusik sowie der akademischen Hymne „Gaudeamus igitur". Zur Musik bewegt sich eine Prozession historischer Figuren, darunter ein Pedell, die Königin Jadwiga, der König Władysław Jagiełło, der heilige Johannes von Kęty und der erste Rektor Stanisław von Skalbmierz. Ein wahrhaftig inspirierender Ort, an dem man in die akademische Vergangenheit Krakaus eintauchen kann.

TIPP
Studierende bekommen eine Ermäßigung von 30 Prozent auf alle Getränke und Speisen.

- Kawiarnia U Pęcherza, ulica Jagiellońska 15, 31-010 Kraków
  www.kawiarniacollegiummaius.pl
- ÖPNV: Tram 6, 20, Haltestelle Jagiellońska

UJ
Zanim zasadzono Dąb Wolnoś
Uniwersytet Jagielloński
wobec I wojny światowej

Der grüne Gürtel

34 Der Planty-Park um die Krakauer Innenstadt

Sanft wie ein grüner Gürtel legt sich der fast 4 Kilometer lange Planty-Park um den historischen Stadtkern. Dieser große Stadtgarten folgt dem Verlauf der im 19. Jahrhundert abgerissenen Stadtmauer. Beginnt man die Begegnung mit den Planty unweit des Wawels, trifft man auf einer der Bänke die berühmten Mathematiker Otton Nikodym und Stefan Banach in eine intensive Diskussion vertieft. Diese Figuren erschuf der Bildhauer Stefan Dousa. Einige Schritte weiter, auf der Höhe der Franciszkańska-Straße, gelangt man zum fantasievollen Chopin-Springbrunnen mit acht Wasserstrahlen, die wie musikalische Saiten aus einem Klavier emporströmen. Bald danach erreicht man das imposante Hauptgebäude der Jagiellonen-Universität sowie das wunderschöne Kunsthaus mit eindrucksvollen Jugendstildekorationen.
Neben zahlreichen Sehenswürdigkeiten, denen man bei der Umrundung der Planty begegnet, fällt dem Spaziergänger auf, dass viele Bänke im Park kleine weiße Schildchen mit speziellen QR-Codes haben. Dies ist eine besondere Attraktion, die die Literaturstadt Krakau, die zum UNESCO-Kreativstadt-Netzwerk gehört, seit 2016 bietet und regelmäßig ausweitet. Die Bänke werden namhaften Literaten gewidmet wie Zuzanna Ginczanka, Graham Masterton, Adam Zagajewski, Jaroslav Hašek, Herta Müller oder Stanisław Lem. Die Liste enthält inzwischen über 150 Namen. Folgt man dem Code mithilfe eines Smartphones, kann man etwas mehr über den jeweiligen Autor erfahren und sich seine Texte in englischer und polnischer Sprache anhören.
Hat man die Planty fast einmal umrundet, kurz bevor man wieder das Wawel-Schloss erblickt, sollte man sich im Schatten der alten Kastanienbäume etwas Ruhe gönnen und das Erlebte reflektieren, zum Beispiel auf der Bank des Nobelpreisträgers Czesław Miłosz. Nicht weit von hier, in der Bogusławskiego-Straße, liegt übrigens die Wohnung des Schriftstellers, in der er die letzten elf Jahre seines Lebens verbrachte. Nun kann man sich ausmalen, wie er einst auf denselben zauberhaften Alleen spazierte.

- Planty, Zugang über Podzamcze-Straße
- ÖPNV: Tram 1, 2, 3, 4, 6, Haltestelle Wawel

Stilvoll unterwegs

35 Eine Fiaker-Fahrt auf Königswegen

Wünscht man sich, die Stadt der Könige einmal anders zu erleben, dann steigt man am besten in einen Fiaker! Die prächtig geschmückten Droschken mit zwei eingespannten Pferden im folkloristischen Geschirr warten auf die Liebhaber ausgefallener Ausflüge am Hauptmarkt gegenüber der Marienkirche.

Einmal um den Hauptmarkt an den Tuchhallen und am Rathausturm vorbei führt die Tour zunächst durch die Grodzka-Straße, quert den Dominikaner-Platz und dann den Allerheiligen-Platz. Gleich danach sollte man unbedingt einen Blick auf den Wyspiański-Pavilion mit den drei raffinierten Buntglasfenstern des Künstlers werfen. Der weitere Weg führt zur prächtigen St.-Peter-und-Paul-Kirche, dem ältesten Barockbauwerk der Stadt. Diese ist wegen ihrer Fassade mit den berühmten Statuen der zwölf Apostel des Bildhauers Hieronimus Canavesi bemerkenswert.

Dem Klappern der Pferdehufe auf dem Kopfsteinpflaster lauschend fährt man an weiteren prominenten Sehenswürdigkeiten vorbei: der aus massivem Haustein im romanischen Stil erbauten Andreaskirche, der frühbarocken Martinskirche und der kleinen, am südlichen Ende der Grodzka-Straße gelegenen Ägidiuskirche, einem frühromanischen Bau von 1086. Bald danach erreicht man die Podzamcze-Straße. Zur Linken eröffnet sich ein herrlicher Blick auf den Wawel-Hügel. Der Fiaker biegt jetzt in Richtung der Planty ab und fährt in die Franziskaner-Straße, wo man den Krakauer Bischofspalast mit dem „Papstfenster" besichtigen kann. Johannes Paul II. wohnte hier während seiner Aufenthalte in Krakau, und am besagten Fenster hielt er seine berühmten Audienzen mit den Pilgern. Die nächste Sehenswürdigkeit, die Franziskanerkirche, benannt nach dem heiligen Franz von Assisi, ist eine der ältesten gotischen Kirchen der Stadt. Von dort aus geht die Reise wieder zurück zum Hauptmarkt.

Es ist ein wahrhaftiger Komfort und Luxus, sich auf den königlichen Wegen kutschieren zu lassen. Die herrlichen Sehenswürdigkeiten wirken dabei noch imposanter. Der Ausflug verspricht eine Zeitreise, auf der man einen modernen Begleiter hat – den mehrsprachigen Audioguide.

- Fiaker-Fahrt, Start zwischen den Tuchhallen und der Marienkirche, Rynek Główny
- ÖPNV: Tram 1, 2, 10, 64, 69, Haltestelle Poczta Główna

SKA
Muzeum Krakowa

Poesie aus Stein und Metall

36

Im Decjusz-Park

An dem Namen des Künstlers Bronisław Chromy kommt man in Krakau kaum vorbei. Skulpturen und Denkmäler des Bildhauers sind in der ganzen Stadt zu finden. Am bekanntesten sind wohl der Wawel-Drache unterhalb des königlichen Schlosses, der Musiker-Springbrunnen am Kazimierz oder die herrlichen Eulen im Planty-Park. Viele seiner Werke sind inmitten der Natur im Decjusz-Park zu sehen, der im 16. Jahrhundert von italienischen Architekten neben der Residenz des königlichen Sekretärs Ludwik Decjusz angelegt wurde. In der ehemaligen Konzertmuschel, deren Umrisse sich sanft in das Parkgelände einfügen, befindet sich der Ausstellungspavillon von Bronisław Chromy. Er ist in der warmen Jahreszeit geöffnet und bietet in gemütlicher Atmosphäre neben Kunst auch guten Kaffee, Gebäck und Eis.

TIPP

Nur wenige Gehminuten vom Park entfernt liegt einer der schönsten Zoos Polens.

Ein Besuch des Decjusz-Parks lohnt sich jedoch zu jeder Zeit im Jahr, denn die umliegende Rasenfläche ist übersät mit unzähligen kleinen und großen Plastiken aus Stein und Metall. Sehr beeindruckend sind vor allem die kleinen Formen von Chromy – Eichhörnchen, Katzen und Schafe. Oder Hände, die aus dem Rasen emporwachsen. Über dieser Open-Air-Galerie ragt eines der berühmtesten Werke des Bildhaues empor: das Denkmal für Piwnica pod Baranami. In dieser beeindruckenden Figurenkomposition in Form eines hohen Reigens sind 51 Köpfe von Künstlern verewigt, die mit diesem Kabarett- und Jazz-Keller verbunden waren, darunter Piotr Skrzynecki, Andrzej Wajda und Grzegorz Turnau.

Spaziert man weiter durch den Park, so trifft man auf eine raffinierte Büste von Frédéric Chopin. Das Denkmal wirkt sehr dynamisch, als würden die Winde die Haare des Komponisten wehen lassen. In der Nähe des Denkmals kann man im Schatten der Linden und Buchen auf einer Bank die Stille genießen und die einzigartige Schönheit der akkuraten Grünanlagen bewundern. Für die kleinen Besucher bietet der Park einen futuristisch angehauchten „Drachenplatz“, auf dem viele Spielgeräte in ihrer Gestalt an den grünen Drachen erinnern – passend zum Symbol der Stadt!

- Park Decjusza, ulica Królowej Jadwigi, 30-218 Kraków
- ÖPNV: Bus 102, 152, 192, 252, 902, Haltestelle Park Decjusza

Musikalische Visitenkarte

37 Beim Hejnal-Spieler auf dem Marienturm

Ungewöhnlich an der Krakauer Marienkirche sind ihre zwei ungleichen Türme von 69 und 81 Metern Höhe. Der linke ist höher und schlanker und hat eine originelle Bedachung mit weiteren acht Türmchen, die die Mittelspitze umgeben. Von dort erschallt jede Stunde die musikalische Visitenkarte Krakaus – der Hejnal, was so viel wie Weckruf bedeutet. Das sind wahrhaftig magische Augenblicke: Die kleinen Fensterchen des Turms öffnen sich, zum Vorschein kommt eine golden glänzende Trompete und dann erklingt eine kurze Fanfare, die nach einigen wenigen Tönen abbricht. Die Herkunft der Melodie ist von allerlei Legenden umwoben. Sie gilt als eine Reminiszenz an die Belagerung Krakaus im Jahre 1241: Der Stadtwächter erblickte das feindliche Heer vom Marienturm aus und wollte ein Warnsignal mit seinem Horn geben. Dabei traf den Trompeter ein feindlicher Pfeil, der ihm die Kehle durchbohrte.

TIPP
Nach dem Hejnal den Marienturm besteigen und die herrliche Stadtansicht aus der Höhe genießen.

Seit 1392 erwähnen die Stadtannalen das Spiel des Hejnals. Im Mittelalter erschallte er morgens und abends beim Öffnen und Schließen der Stadttore. Heute ertönt die Fanfare stündlich, auch nachts. Sie wird von einem Trompeter der städtischen Feuerwehr live gespielt. Michał Kołton, der diesen Job auf dem Turm seit 2005 macht, erzählt, er habe die Melodie von seinem Vater und Großvater gelernt, die ebenfalls auf dem Marienturm spielten. Die Melodie erschallt – der Tradition gemäß – viermal hintereinander in vier Himmelsrichtungen: für den König zum Wawel hin, für die Ratsherren in Richtung der Tuchhallen und des Marktplatzes, für die Gäste der Stadt mit Blick auf das Florianstor und schließlich in Richtung der Feuerwehrwache.

Den „Hejnal vom Marienturm" kennt man in ganz Polen, da er täglich um Mittag im Rundfunk übertragen wird. Dafür ist auf dem Turm seit 1927 eine kopfüber gestülpte Marconi-Tuba im Einsatz, die das Trompetenspiel an die Funkzentrale überträgt. In Krakau muss man dieses Spektakel unbedingt live erleben und danach dem Musiker zuwinken, bevor er die Turmfenster wieder schließt.

- Wieża bazyliki Mariackiej, plac Mariacki 5, 31-042 Kraków
- ÖPNV: Tram 1, 2, 10, 64, 69, Haltestelle Poczta Główna

Das Glück hat viele Farben

38 Bunte Treppe in der Tatrzańska-Straße

„Die Güte braucht keine Kraft, die Güte selbst ist die Kraft." Oder: „Die Verliebten teilen auch die Sonne miteinander." Oder: „Sei altruistisch und respektiere den Egoismus der anderen." Diese teils tiefsinnigen und teils heiteren Sätze regen zum Nachdenken über das Leben an oder aber zum bewussteren Wahrnehmen jedes einzelnen Augenblicks im Alltag. Wo findet man sie? Im Krakauer Stadtteil Podgórze! Entlang der Tatrzańska-Straße verläuft eine Treppe mit 55 Stufen, die in allen bunten Farben des Regenbogens bemalt sind. Jede einzelne Stufe ziert ein geflügeltes Wort oder ein besonderes Zitat, ein mehr oder weniger ernsthafter Gedanke. Darunter sind Sentenzen von bedeutenden Persönlichkeiten wie Joseph Conrad, Tadeusz Kantor, Ewa Demarczyk oder Stanisław Lem.

TIPP
Die Botschaften der bunten Treppe lassen sich wunderbar auf den beschaulichen Alleen des nahe gelegenen Bednarski-Parks reflektieren.

Diese Regenbogen-Treppe entstand 2013 im Rahmen des Grolsch Artboom-Festivals und wurde 2021 noch einmal erneuert. Die Auswahl der Zitate war eher willkürlich. Sie sollten lediglich einfach zu verstehen sein und eine positive Botschaft transportieren. Und das ist den Ideengebern durchaus gelungen! Die bunte Treppe hebt die Stimmung der Passanten, die sonst im Alltag so beschäftigt sind, dass ihnen die Zeit zum Lächeln und zum Nachdenken fehlt, reißt die Menschen aus ihrem grauen Grübeln heraus und lässt sie die Welt optimistischer sehen. Die Fußgänger verlangsamen automatisch ihre Schritte. Sie gehen leise von Stufe zu Stufe, und das ist sicherlich nicht der Erschöpfung geschuldet, sondern der Neugier und vielleicht auch der Vorfreude auf die nächste Inschrift. Hell und farbenfroh schreit dieses einzigartige Kunstwerk einfach danach, fotografiert zu werden. Dennoch findet man hier keine Touristenmassen, im Gegenteil – jeder Besucher fühlt sich hier fast wie ein Einheimischer! Man kann die Treppe in Ruhe mehrfach ablaufen, um sich sein Lieblingszitat auszusuchen, das durch den Tag begleitet und vielleicht noch ein bisschen glücklicher macht.

- Kolorowe schody na Podgórzu, ulica Tatrzańska, 30-537 Kraków
- ÖPNV: Tram 1, 2, 3, 4, 6, 9, 11, 13, Bus 904, Haltestelle Korona

Jazz und Whisky

39 Acoustic Jazz Club Piec Art in der Szewska-Straße

Kann Jazz glücklich machen? Władysław Wacek Dadak, Besitzer des Clubs Piec Art, schmunzelt bei dieser Frage: „Es bringt kein monetäres Glück, aber sehr viel innere Erfüllung." Sein Lokal in der Szewska 12 im Herzen Krakaus betreibt er seit 22 Jahren. Das Herzstück des Clubs ist der gemütliche mittelalterliche Keller mit seinem bunten Kachelofen und der hervorragenden Akustik. Über der Treppe schwebt ein Flügel, der diesem Ort eine einzigartige Atmosphäre verleiht.

Dadaks persönliche Liebe zur Jazzmusik begann vor langer Zeit, als er Tomasz Stańko begegnete, der ihn mit seinen unglaublichen Jazz-Raffinessen auf der Trompete beeindruckte. Bald nach der Eröffnung wurden im Piec Art jeden Mittwoch Konzerte gespielt: „Als Alternative zu einem Fußball-Abend", sagt Wacek Dadak halb im Scherz. Kurze Zeit später gab es fast jeden Abend eine Veranstaltung, das Interesse war sehr groß und der Erfolg garantiert. Heute ist das Piec Art eine der drei wichtigsten Bühnen des Krakauer Jazz.

TIPP

Zu guter Musik passt der Cocktail „Aviation" mit Gin, Veilchenlikör, Maraschino und Zitronensaft.

Was ist das Besondere an diesem Club? Ausgesprochen stolz ist der Lokalbesitzer auf seinen erstklassigen Flügel, denn dieser ist sehr wichtig für künstlerisch anspruchsvollen Jazz. Auch sonst wird bei hiesigen Konzerten großer Wert auf akustische Instrumente gelegt. Die Veranstaltungen im Piec Art haben Konzertcharakter von sehr hohem Niveau. Kein Wunder, dass in diesen Wänden in der Szewska-Straße bereits viele, auch internationale Größen gespielt haben, wie beispielsweise der Saxofonist Leszek Żądło, der heute in München lebt und häufig mit dem Ensemble „European Art" auftritt, der deutsche Wirtschaftsinformatiker und Saxofonist August-Wilhelm Scheer oder Paweł Kaczmarczyk, der Gewinner des ersten Festivals „Jazz Juniors", der seither im Piec Art diverse musikalische Projekte realisierte. Im Piec Art gibt es nicht nur ausgezeichnete Konzerte. Der Club ist auch für sein exzellentes Whisky-Assortiment berühmt. Und nebenbei ist auch die kreative Cocktail-Karte mehr als nur einen Besuch wert.

- Acoustic Jazz Club Piec Art, ulica Szewska 12, 31-009 Kraków, Tel. +48 (12) 3 45 44 31, www.piecart.pl
- ÖPNV: Tram 2, 4, 14, 18, 20, Haltestelle Teatr Bagatela

ACOUSTIC
JAZZ CLUB

Mekka der To-go-Gourmets

40

Zapiekanki am Neuen Platz in Kazimierz

Die polnische Küche ist sehr vielfältig und raffiniert. Doch ausgerechnet dieses einfache Essen ist ein Muss bei einem Krakau-Besuch: eine Zapiekanka, ein warmer, knuspriger, mit viel Käse überbackener Snack, der bereits beim Anblick das Wasser im Munde zusammenlaufen lässt. Grundsätzlich besteht eine Zapiekanka aus einem halben Baguette oder einem riesigen Panino, welches traditionell mit Pilzen oder Schinken belegt und dann mit Käse überbacken wird. Es gibt viele moderne Versionen dieses Gerichts, etwa die hawaiianische mit Ananas oder die griechische mit Oliven und Feta-Käse. Sehr fein schmecken auch die Variationen mit Gemüse oder Thunfisch.

Mindestens einmal eine Zapiekanka zu essen ist tatsächlich ein Ritual, das man in Krakau unbedingt praktizieren muss. Und dann stellt sich die Frage: Wo bekommt man die besten Snacks dieser Art? Die Antwort ist ganz einfach: Der ultimative Ort dafür ist der Neue Platz (plac Nowy) in Kazimierz. Wenn man als Tourist sowieso durch das jüdische Viertel spazieren geht, ist man von seinem Fast-Food-Glück nur noch einen Steinwurf weit entfernt. Am Neuen Platz umgeben von Flohmarkt-Ständen steht in der Mitte ein historisches rundes Gebäude, das im Volksmund Okrąglak (Rundholz) genannt wird. Diese historische Handelshalle wurde um 1900 errichtet. Heute finden sich hier zahlreiche Buden, die leckere Zapiekanki in großer Vielfalt servieren. Manchmal hört man die Meinung, die allerbesten gäbe es bei Endzior. Dort ist die Schlange auch am längsten! Ob das so stimmt, muss man jedoch selbst überprüfen.

TIPP

Den kleinen Flohmarkt neben dem Okrąglak für ein antiquarisches Mitbringsel besuchen.

Hier ist es belebt und trubelig. Die Verkäufer rufen ständig die Bestellungsnummern aus und die Hungrigen eilen zum Verkaufsfenster, um ihre Gerichte abzuholen. Dieser Ort wird eifrig von Einheimischen und ausländischen Touristen besucht. Man hört zahlreiche Sprachen. Die Tauben gurren und streifen den Menschen über die Füße. Zugleich ist es ein authentischer Ort, an dem man in Gelassenheit das pralle Leben beobachten kann.

● Plac Nowy, 31-056 Kraków
● ÖPNV: Tram 6, 8, 10, 13, Haltestelle Stradom

Zwischen Himmel und Erde

41 In der Szymanowski-Philharmonie

„Keine Musik kann von null an komponiert werden. Sie muss kontinuierlich fortgesetzt werden“, sagte der berühmte Krakauer Komponist Krzysztof Penderecki. Wie wichtig es ist, die musikalischen Traditionen zu erhalten, ist den Krakauern sehr bewusst. Nicht umsonst ist der musikalische Kalender Krakaus immer reich an Konzerten, Veranstaltungsreihen und Festivals wie dem Krakauer Musiksalon, dem Szymanowski-Festival, Opera Rara, dem Lubomirski-Festival oder dem Internationalen Festival der Klaviermusik in der Königsstadt Krakau, um nur ein paar Höhepunkte zu nennen.

Zahlreiche Spielstätten sorgen dafür, dass diese Kontinuität beständig erhalten bleibt. Eine der wichtigsten Adressen ist die Krakauer Philharmonie, die nach dem berühmten Komponisten Karol Maciej Szymanowski benannt ist. Das Gebäude, das unmittelbar am Planty-Park liegt, wurde 1931 nach dem Entwurf des Architekten Józef Pokutyński erbaut und diente zunächst als katholisches Kulturhaus. Erst 1945 wurde es als neues Domizil der städtischen Philharmonie eingeweiht. Das Gebäude selbst hat einen neobarocken Charakter, die meisten Innenräume sind hingegen modernistisch geprägt. Der Konzertsaal beherbergt seit 1996 eine exzellente und imposante Orgel, die von der renommierten Firma Johannes Klais aus Bonn gebaut wurde. Der prächtige Saal mit vergoldeten Säulen und stilvollen Deckenkassetten lädt seine Besucher zum musikalischen Genuss ein. Hier treten internationale Orchester und Solisten auf. Ob Chopin, Weniawski, Paderewski oder Moniuszko – die Musik erlaubt ihrem Zuhörer, zu träumen, Gefühle tief nachzuempfinden und neue Kräfte zu schöpfen. Emotionen, die man in einem Konzert erlebt, sind unersetzlich. Dazu passt ein anderer Ausspruch von Penderecki: „Jede Musik muss zweifach verwurzelt sein – im Himmel und in der Erde.“ Mit einer Fülle von Gefühlen, zwischen Himmel und Erde schwebend, verlässt man das Haus der Philharmonie, eines wohl wissend: Hierher muss man unbedingt zurückkehren!

- Filharmonia im. Karola Szymanowskiego w Krakowie, ulica Zwierzyniecka 1, 31-103 Kraków, Tel. +48 (12) 6 19 87 21, https://filharmoniakrakow.pl/public
- ÖPNV: Tram 1, 2, 4, 6, 8, 13, Haltestelle Filharmonia

Der Weg ist das Ziel!

42 Mit dem Rad entlang der Weichsel nach Tyniec

Als Tourist in Krakau kann man fast alles zu Fuß erreichen. Doch eine Fahrradtour entlang der Weichsel sollte man sich nicht entgehen lassen, denn diese verspricht besondere Glücksmomente. Mit dem Rad auf malerischen Wegen kann man der Hektik der Stadt entfliehen.
Die Radwege entlang des Weichsel-Hochwasserdamms sind besonders gut ausgebaut und beneidenswert schön. Je nach Kondition beginnt man den Ausflug bereits an der Cricoteka oder aber an der Dębnicki-Brücke unweit des Wawels. Am südlichen Weichsel-Ufer verläuft die Route flussaufwärts in Richtung des Stiftes Tyniec.
Auf der gesamten ca. 12 Kilometer langen Strecke erwarten den Radler attraktive Aussichten, interessante historische Sehenswürdigkeiten sowie eine reizvolle Landschaft. Gleich zu Beginn ist das Panorama des Wawels und des Weichselknies zu sehen. Am Dębnicki-Park vorbeiradelnd kann man einen Blick auf das gegenüberliegende Ufer mit dem ansehnlichen Norbertinerinnenkloster werfen, das bereits im 13. Jahrhundert erbaut wurde. Und danach findet man sich im Grün der Wiesen wieder. Die Weichsel glänzt in der Sonne, der Vogelgesang wird zum treuen Begleiter und man ist vielleicht sogar überrascht, dass eine große Stadt so grün sein kann. Unterwegs kann man jederzeit eine Verschnaufpause einlegen und direkt an der Weichsel rasten.
Ganz bald hat man das idyllische Naturschutzgebiet Skałki Twardowskiego erreicht und damit mehr als die Hälfte des Weges gemeistert. Auf den nächsten Kilometern wird man von der schönen Aussicht auf den Wolski-Wald mit dem Krakauer Zoo und auf das Kamaldulenser-Kloster begleitet, das auf dem Berg Srebrna Góra thront. Kurze Zeit später kommt man auch schon am Ziel an, nämlich in der Benediktinerabtei in Tyniec. Das Kloster liegt harmonisch am Hang eines Kalksteinfelsens und lädt die Gäste ein, die prächtige barocke Kirche zu besichtigen oder eine Ausstellung im Abteimuseum zu besuchen und so seine tausendjährige Geschichte zu erfahren. Im Klostercafé kann man sich mit einem wohlverdienten Eis stärken.

TIPP
Die Rückkehr in die Innenstadt lässt sich bei Bedarf auch mit Bus oder Schiff bewerkstelligen.

- Radtour entlang der Weichsel nach Tyniec, Startpunkt am Most Dębnicki am südlichen Weichsel-Ufer, nahe ulica Zamkowa, 30-301 Kraków
- ÖPNV: Bus 114, 124, 134, Haltestelle Konopnickiej

Küche trifft Kunst

43

Das Restaurant Dynia in der Krupnicza-Straße

Hier treffen sich junge Menschen und Rentner, Universitätsdozenten und Büroangestellte, Lebensgenießer, Dichter und Künstler. Das Restaurant Dynia hat inzwischen eine lange Tradition. Ursprünglich war es ein einfaches Lokal, wohin die Studentinnen und Studenten aus den umliegenden Instituten der Universität Krakau für eine kleine Stärkung gingen. Heute hat die Gaststätte ein gemütliches Flair und ihre ganz besondere eigene Prägung.

Im großen Hauptraum mit industriellem Charme hängen ausgefallene Lampenschirme aus alten Büchern von der Decke sowie dekorative Makramee-Kreationen mit floristischen Elementen. Doch vor allem sind an allen Ecken üppige orange Kürbisse zu sehen, die dem Raum eine warme und gemütliche Note verleihen – sie sind nun mal das Wahrzeichen des Lokals, dessen Name auf Deutsch eben Kürbis bedeutet. An den Wänden kann man Arbeiten moderner Künstler betrachten; wechselnde Ausstellungen sind im Dynia regelmäßig zu Gast. Bei so viel Kunstgenuss vergisst man fast das Essen, was wirklich schade wäre! Denn die raffinierten Gerichte aus der Dynia-Küche sind ebenfalls ein Hochgenuss. Zahlreiche Speisen haben Kürbis als Komponente, die meisten Zutaten stammen aus der Region, obwohl die Speisekarte vielfach von der italienischen Kochkunst inspiriert ist. Für einen außerordentlichen Gaumengenuss sorgen beispielsweise die Rote-Rüben-Tagliatelle mit Ziegenkäse und Auberginen. Was auch immer der Kunde bestellt – jeder Teller kommt experimentierfreudig und wunderschön dekoriert auf den Tisch. Eins darf man nur nicht vergessen – nach dem Hauptgang noch unbedingt Platz für einen Nachtisch lassen, sei es ein Stück Tiramisu oder Kürbis-Crème-brûlée mit pürierten Himbeeren. Besonders gemütlich sitzt man bei warmem Wetter im gepflegten grünen Innenhof des Restaurants. Die üppige Bepflanzung schafft eine lauschige und idyllische Atmosphäre, in der man gerne mehrere Stunden verweilt.

- Dynia Resto Bar, ulica Krupnicza 20, 31-123 Kraków, Tel. +48 (12) 430 08 38 www.dynia.krakow.pl
- ÖPNV: Tram 2, 4, 14, 18, 20, Haltestelle Teatr Bagatela

Ein besonderes Domizil

44

Die Decjusz-Villa in der Wola Justowska

Das 16. Jahrhundert war ein goldenes Zeitalter für das Königreich Polen und für Krakau. Wirtschaft, Wissenschaft und Kunst florierten und die Stadt lockte kreative Köpfe aus ganz Europa an. So auch den im Elsass geborenen Justus Ludwig Dietz, auf Polnisch Ludwik Decjusz, der über Ungarn nach Krakau kam, um hier sein Glück zu finden. Seine Verpflichtungen in der Verwaltung der Salzgewinnung in Wieliczka und später als Sekretär des Königs waren lukrativ, 1535 ließ er in der Nähe von Krakau ein eindrucksvolles Anwesen im Renaissance-Stil errichten. Seither hat die Decjusz-Villa mehrere Eigentümerwechsel erlebt und ihr Äußeres stark verändert. Schrittweise erhielt sie ihr heutiges Aussehen mit einer Arkadenloggia, Eckerkertürmchen, Kachelschmuckelementen an der Fassade sowie Malereien und barockisierenden Dekorationen im Hausinneren. Im 19. Jahrhundert wurde die Villa zu einem wichtigen Kulturort für die Krakauer Oberschicht. Ihre damalige Besitzerin Marcelina Czartoryska, eine begnadete Musikerin, die das Klavierspiel bei Chopin lernte, initiierte Hauskonzerte und andere kulturelle Veranstaltungen, die sich großer Beliebtheit erfreuten.

TIPP

Nach dem ausgiebigen Besuch in der Villa im umliegenden Park die Stille genießen.

Die politischen Umbrüche des 20. Jahrhunderts führten zum Verfall der Villa. Erst in den 1990er-Jahren wurde sie von Grund auf restauriert und der Öffentlichkeit zugänglich gemacht. In der Villa sind heute historische Gemälde und Möbel ausgestellt, die das ursprüngliche Ambiente der Villa aufleben lassen. Auf dem Gelände finden regelmäßig Kunst-Picknicks und kulturelle Events statt. Besondere Aufmerksamkeit verdient der Zyklus „Villa Artis“ mit Konzerten, Schauspiel und Tanzaufführungen. Kinder sind unter anderem eingeladen, eine Detektiv-Rundgang durch die Villa zu machen. Ihr Glück finden in der Villa regelmäßig internationale Schriftsteller. Als Stipendiaten verbringen sie hier einige Monate im Rahmen einer literarischen Residenz, um in Ruhe schreiben und miteinander in Austausch treten zu können.

● Willa Decjusza, ulica 28 Lipca 1943 17 a, 30-227 Kraków, Tel. +48 (12) 4 25 36 38
https://willadecjusza.pl/en
● ÖPNV: Bus 134, Haltestelle Stara Wola

LAUTREC
Caba-
ret

Königlich speisen

45 Im Restaurant Wierzynek am Hauptmarkt

Einer Stadtlegende nach hatte der reiche Krakauer Kaufmann Mikołaj Wierzynek in seinem Hause hervorragende Köche. Als König Kasimir der Große 1364 ein Festmahl für europäische Monarchen ausrichten wollte, beauftragte er damit den befreundeten Wierzynek. Dieser bereitete den edlen Gästen einen großzügigen Empfang. Die Tische quollen über mit Speisen und Getränken und die Feier ging 20 Tage und 20 Nächte. Und so hält man im Restaurant Wierzynek am Hauptmarkt an der alten Tradition fest, jeden einzelnen Gast königlich zu bewirten. Noch immer wird hier groß gefeiert – von privaten Hochzeiten und runden Geburtstagen bis hin zu Staatsempfängen.

Das Haus ist wegen seines besonderen Ambientes sehr beliebt, denn es strahlt Geschichte aus – durch elegante Möbel, üppige Tischdekorationen, ausgefallene Bilder und Tapeten. Ein großes Gemälde in der Eingangshalle erinnert an das legendäre mittelalterliche Fest und auf mehreren Bildern sind seine Teilnehmer abgebildet. Das Restaurant verfügt über acht separate Speisesäle, wobei jeder anders gestaltet ist. Einer der schönsten ist im italienischen Stil eingerichtet und zeigt wunderschöne Pompeji-Fresken an der Decke.

TIPP
Falls ein Digestif erwünscht ist: Der Met „Hetmański" mit Himbeergeschmack ist sehr empfehlenswert!

Für das Wohlbefinden der Gäste sorgt auch das hohe Niveau der Küchenmeister. Im Wierzynek kann man wahre Gaumenfreude erleben! Auf der Speisekarte findet man vor allem Gerichte der traditionellen polnischen Küche wie Pierogi und Krautwickel. Hier werden die Rezepte jedoch nach modernem Gusto in exklusiven Variationen verfeinert. Die wohl berühmteste Spezialität des Hauses ist die Ente nach Krakauer Art, gefüllt mit Pflaumen und in Rotwein-Soße mit Rotkraut serviert. Sehr fein sind die erlesenen Desserts, so zum Beispiel der traditionelle Honigkuchen mit Pflaumen- sowie Schokoladenmousse und Himbeersoße. Apropos Süßigkeit: Eine neue Sparte kreierte das Restaurant durch die Produktlinie „Der süße Wierzynek", die sich auf hausgemachte Pralinen spezialisiert hat. Unbedingt probieren oder gar als ein kleines Mitbringsel nach Hause mitnehmen!

- Restauracja Wierzynek, Rynek Główny 16, 31-008 Kraków, Tel. +48 (7 28) 87 10 71 https://wierzynek.pl/en
- ÖPNV: Tram 6, 20, Haltestelle Uniwersytet Jagielloński

Das Glück in Bildern

46 Kino Kijów in der Krasiński-Allee

Manchmal braucht es zum Glück nicht viel – einfach nur bewegte Bilder. Natürlich gut gemachte bewegte Bilder! Diese findet man in unbegrenztem Umfang im Haus Nummer 34 in der verkehrsreichen Krasiński-Allee. Seit 1962 besteht hier das Kijów – ein modernes Kino mit großer Tradition. In den 1960er-Jahren war es das größte Kino in Krakau mit einem Saal für fast 1000 Zuschauer. Bis heute ist es eines der beliebtesten Kinohäuser, dessen Architektur – trotz mehreren Umgestaltungen – die Spuren der Moderne trägt. Gleich an der Rückwand, die mit der gläsernen Frontfassade kontrastiert, ist das abstrakte, farbenfrohe Mosaik-Werk des Architekten Witold Cęckiewicz zu sehen. Im Foyer wird man von dem großformatigen Keramikrelief von Krystyna Zgud-Strachocka begrüßt, gehalten in Malachit- und Türkis-Tönen.

Ist man wegen der bewegten Bilder hier, kann man zwischen fünf komfortabel ausgestatteten Sälen wählen, aber sicherlich entscheidet hierbei das aktuelle Filmprogramm. Gezeigt werden Filme aus Ost und West, und das ist nur einer der Aspekte, weshalb das Kijów das Publikum jeden Alters anzieht. Besonders eifrig wird das Haus während des Festivals des Unabhängigen Films OFF CAMERA oder des Krakauer Filmfestivals frequentiert, wenn Produktionen jenseits des Mainstreams gezeigt werden. Auch Kinder kommen hier auf ihre Kosten, beispielsweise während des Internationalen Kinderfilmfestivals.

Neben Filmen kann man im Kijów auch Kabarett-Abende, Live-HD-Opernübertragungen, Konzerte und Theateraufführungen erleben. Darüber hinaus steht den Gästen das Film-Café in der ersten Etage zur Verfügung, das köstlichen frisch gebrühten Kaffee und leckere Desserts offeriert. Stimmungsvolle Beleuchtung und Filmmusik schaffen an diesem Ort eine einzigartige Atmosphäre. Hat man sich ein Tischchen direkt am Fenster ausgesucht, kann man bei einem Cappuccino den wunderbaren Anblick der vor Leben pulsierenden Stadt genießen.

- Kino Kijów, aleja Zygmunta Krasińskiego 34, 30-101 Kraków, Tel. +48 (12) 4 33 00 33, www.kijow.pl
- ÖPNV: Bus 114, 144, 164, Haltestelle Muzeum Narodowe

Im Hause des Künstlers

47 Das Jan-Matejko-Museum in der Floriańska-Straße

Der Besuch im Haus von Jan Matejko (1838–1893) ist ein Muss im touristischen Krakau-Programm, denn das Leben des herausragenden Historienmalers ist aufs Engste mit der Stadt verbunden. Der Schöpfer monumentaler Gemälde, die zahlreiche Ereignisse polnischer Geschichte nachbilden, verbrachte beinahe sein ganzes Leben in der Floriańska-Straße.

Im Matejko-Haus sind auf mehreren Etagen rekonstruierte Räume zu besichtigen, wie sie zu Lebzeiten des Künstlers ausgesehen haben. Wunderschön wirkt der Salon mit Neorenaissance-Möbeln, in dem die Matejkos namhafte Gäste ihrer Zeit empfangen haben. Original erhalten sind die Ausstattungen des Wohnzimmers und des Schlafzimmers. Familienfotografien, Gebrauchsgegenstände, Kunsthandwerk, historische Kostüme sowie persönliche Sachen des Künstlers, seiner Frau Teodora und ihrer Kinder Tadeusz, Helena, Beate, Jerzy und Regina ergänzen die Exposition. Anhand dieser zahlreichen Exponate erfährt man Details über das Leben des Künstlers und seiner Familie. Das Schlendern von Zimmer zu Zimmer vermittelt dem Besucher den Eindruck, auf einer Reise zu sein, auf der er das Leben und das Werk des Künstlers auf eine eingehende Weise kennenlernt. Sehr beeindruckend ist der Besuch im ehemaligen Atelier des Malers. Zu sehen sind seine Staffelei, sein Arbeitsstuhl und … eine Pferdefigur in der Vitrine! Denn für Pferde hatte Matejko ein besonderes Faible und sie durften auf seinen historischen Leinwänden nicht fehlen. In der Bildersammlung des Museums werden dem Zuschauer zahlreiche Ölgemälde und Zeichnungen des Künstlers präsentiert, unter anderem die Skizzen zum monumentalen Gemälde „Johann Sobieski vor Wien". Im gemütlichen Ambiente des Hauses verweilt man sehr gerne. Dabei überkommt den Besucher beinahe das Gefühl, der Meister selbst hätte ihn persönlich in sein Haus eingeladen. Zugleich ist das Matejko-Museum genau der richtige Ort, um in die Atmosphäre des 19. Jahrhunderts einzutauchen und das Leben des wohlhabenden Krakauer Bürgertums nachzuempfinden.

TIPP

Jeden Dienstag bietet das Museum freien Eintritt.

- Dom Jana Matejki, ulica Floriańska 41, 31-021 Kraków, Tel. +48 (12) 4 33 59 63 https://mnk.pl/branch/the-matejko-house
- ÖPNV: Tram 2, 3, 4, 14, 20, 24, Haltestelle Teatr Słowackiego

La Petite France

48

Im Józef-Czapski-Pavillon

Im Herzen der Stadt und dennoch abseits vom Lärm der Straßen, von grünen Bäumen umgeben liegt diese museale Perle – der 1994 errichtete Czapski-Pavillon, in dem Leben und Werk des berühmten polnischen Intellektuellen, Schriftstellers, Malers und Kritikers Józef Czapski dokumentiert sind. Sein bewegter Lebensweg spiegelt die europäische Geschichte des 20. Jahrhunderts wider: Geburt 1896 in Prag, Jugendjahre in Sankt Petersburg, Studium an der Akademie der schönen Künste in Warschau und später in Krakau, Zwischenstationen in Frankreich, England und in Spanien, 1939 Entsendung an die Ostfront mit darauffolgender Kriegsgefangenschaft und schließlich Emigration nach Maisons-Laffitte bei Paris, wo er bis zu seinem Tod im Jahre 1993 lebte.

Die Ausstellung im Museum kombiniert authentische Schriftstücke und Bilder von Józef Czapski mit Kommentaren aus seinen Werken. An Multimedia-Geräten kann man sich mit Archivmaterialien vertraut machen. Sehr einprägsam ist das im Verhältnis 1:1 nachgebildete Zimmer des Künstlers mit Originalmöbeln und Büchern, in dem er über 40 Jahre lebte.

Der Weg zum Czapski-Pavillon führt durch einen lauschigen Innenhof, die ihn umgebenden Mauern sind von Efeu berankt. Große weiße Kugelleuchten zieren den Eingangsbereich. Hier sind gusseiserne Tische und Stühle aufgestellt, die sofort den Eindruck einer französischen Brasserie erwecken. Und der erste Eindruck stimmt: Als Hommage an Czapskis Jahre in Frankreich wurde im Erdgeschoss des Museums das charmante Bistro Petite France eingerichtet. Sein Besitzer Bartłomiej lebte selbst jahrelang in Frankreich und weiß, was man für das gewisse französische Flair benötigt. Das Lokal bietet typische französische Gerichte von Schnecken bis zu vielfältigen Quiche-Sorten. Selbstverständlich gibt es französische Weine in großer Auswahl. All die Köstlichkeit werden auch auf der Dachterrasse serviert. An diesem stimmungsvollen Ort mit Blick über die Dächer fühlt man sich beflügelt und kann für einen Moment den Alltag hinter sich lassen.

TIPP

Im Sommer findet im Innenhof jeden Samstagabend Sommerkino mit internationalen Filmproduktionen statt.

● Pawilon Józefa Czapskiego, ulica Marszałka Józefa Piłsudskiego 12, 31-109 Kraków, Tel. +48 (12) 4 33 58 40, https://mnk.pl/branch/the-jozef-czapski-pavilion
● ÖPNV: Tram 60, 20, Haltestelle Uniwersytet Jagielloński

PETITE FRANCE
Kawiarnia Bistro
PETITE FRANCE
Kawiarnia Bistro

Keramische Glanzstücke

49 Pottery Home in der Sławkowska-Straße

Das Auge isst mit – diese alte Wahrheit ist in aller Munde. Und was kann zur schönen Gestaltung einer Mahlzeit besser beitragen als das Tischgeschirr? Also, los geht es ins Pottery Home! Dieses Keramik-Eldorado in der Krakauer Altstadt beglückt seit zwölf Jahren seine Kunden mit immer neuen Waren und Motiven. Das Sortiment umfasst allerlei Produkte der berühmten Töpfermanufaktur aus dem polnischen Städtchen Bolesławiec.

Hinter der Theke steht eine freundliche Verkäuferin, die die Kundschaft gerne zu Souvenirs und Neuanschaffungen berät. „Das ist zwar keine Krakauer Spezialität, aber die Bunzlauer Keramik hat in ganz Polen einen guten Ruf und wird als etwas sehr Traditionelles empfunden", erzählt sie. Hilfsbereit erklärt sie die herkömmlichen und die neuen Kollektionen. Der absolute Klassiker sind die blau-weißen Dekore. Ihr persönliches Lieblingsmotiv sind hingegen die Erdbeeren, eine neue Trend-Linie aus Bolesławiec.

Wo fängt man nun an? Bei filigranen Löffeln? Dekorativen Verschlusskorken? Oder bei Schüsseln und Tassen in verschiedenen Formen? Hier hat man als Kunde die Qual der Wahl. In allen Regalen gibt es etwas Interessantes zu entdecken. Neben dem klassischen Keramik-Repertoire gibt es saisonale „Spezialitäten" wie imposante Kürbisse für die Halloween-Zeit, liebevoll bemalte Engelchen für den Weihnachtsbaum oder kleine Schalen in Herzform, die als Valentinsgeschenk prädestiniert sind. Am besten ist es also, man bringt Zeit mit und stöbert in Ruhe.

Entgegen manch geläufiger Meinung ist die Bunzlauer Keramik nicht nur schön, sondern auch praktisch in der modernen Küche. Sie kommt sowohl mit einer Mikrowelle als auch mit jedem Backofen zurecht. Und selbstverständlich lässt sie sich in der Spülmaschine reinigen.

Möglicherweise erschlägt die große Auswahl an bunten Tassen und Tellern erst einmal, doch hat man am Ende die Entscheidung getroffen, so ist eins nun ganz gewiss: Die liebevoll kreierten Souvenirs aus dem Laden Pottery Home werden ihrem neuen Besitzer auf jeden Fall sehr viel Freude bereiten.

● Pottery Home, ulica Sławkowska 11, 31-014 Kraków, Tel. +48 (515) 45 29 69
● ÖPNV: Tram 2, 4, 14, 20, 24, Haltestelle Stary Kleparz

Im Anfang war der Drache

50

Das Drachen-Denkmal am Wawel

Einem Drachen begegnet man in Krakau mehr als nur einmal. Natürlich nicht live, sondern vor allem in Form von putzigen grünen Schlüsselanhängern oder sonstigen Touristensouvenirs. Es mangelt auch nicht an Kunstwerken, die dieses legendäre Ungeheuer darstellen. Der Ursprung für seine solch hohe Popularität kommt von einer Legende über die Entstehung Krakaus, die an der Schwelle des 12. zum 13. Jahrhundert entstand. Der Krakauer Bischof und Chronist Wincenty Kadłubek berichtete über einen Drachen, der jede Woche von den Einwohnern Krakaus eine Opfergabe verlangte. Wenn er sie nicht bekam, tötete er die Bauern und vernichtete die Getreidefelder. Um diesem Übel abzuhelfen, befahl König Krakus seinen Söhnen, eine mit Schwefel gestopfte Rinderhaut vor die Höhle des Drachen zu legen. Der Drache fraß das vermeintliche Geschenk und starb daran. Andere Versionen dieser Legende schreiben die rettende Heldentat dem einfachen Schuster Skuba zu und malen aus, wie das Tier nach dem geschwefelten Mahl vor lauter Durst die gesamte Weichsel ausgetrunken habe.

Nun, die Wahrheit ist in der Vergangenheit versunken und das Wasser der Weichsel fließt immer noch. Doch die Legende wurde nicht vergessen. An den Sieg über den Drachen erinnert prominent die expressive Drachen-Skulptur des Krakauer Bildhauers Bronisław Chromy. Die Figur wurde 1972 in Bronze gegossen und am Eingang zur Drachenhöhle am Fuße des Wawels direkt an der Weichsel auf einem Kalksteinfelsen aufgestellt. Dank der eingebauten Gasinstallation spuckt der bronzene Drache alle paar Minuten Feuer aus seinem offenen Maul – eine zauberhafte Show für Jung und Alt. Angst hat man aber vor diesem Ungeheuer nicht. Vielmehr ist dieses einzigartige Denkmal ein begehrter Ort für ein Fotoshooting bei Einwohnern und Gästen der Stadt. Für die Jüngsten ist das gefährliche Tier zudem ein amüsanter Spielplatz. Man kann dem Drachen auf den Rücken klettern, seine Krallen anfassen oder sich vollkommen angstfrei und unbekümmert auf seine Füße setzen.

● Rzeźba Smok Wawelski am Zamek Wawel, Wawel 5, 31-001 Kraków
● ÖPNV: Tram 1, 2, 3, 4, 6, Haltestelle Wawel

Grüne Lunge der Stadt

51

Die Błonia-Wiesen im Stadtteil Półwsie Zwierzynieckie

Błonia, die große grüne Fläche in der Krakauer Innenstadt, erstreckt sich wie ein großes Viereck vom Hauptgebäude des Krakauer Nationalmuseums in die westliche Richtung. Diese riesige, 48 Hektar umfassende Wiese, über der der Kościuszko-Hügel thront, blieb bis jetzt unbebaut. Und das ist gut so! Die Krakauer hängen so sehr an ihrer grünen Lunge, dass jeder Bebauungsversuch eine Revolution auslösen könnte. Bei einem Spaziergang durch Błonia kann man unter anderem die Geburtsstätten des polnischen Sports kennenlernen. Geht man entlang der nördlich gelegenen Allee des 3. Mai in Richtung der Piastowska-Straße, stößt man auf das große städtische Henryk-Reyman-Stadion, das für fast 35.000 Besucher Platz bietet. Hier spielt die Mannschaft Wisła Kraków. Auf der anderen Seite befindet sich das etwas kleinere, aber deutlich ältere Stadion der Konkurrenzmannschaft Cracovia. Vor dem Eingang steht eine Statue von Józef Kałuża (1896–1944), der für Krakauer Fußballfans wegen seiner außergewöhnlichen fußballerischen Fähigkeiten eine wahre Legende ist. Mit großem Erfolg trainierte er die polnische Vorkriegsnationalmannschaft.

Für viele Besucher ist Błonia ein sehr beliebter Erholungs- und Freizeitort, an dem man Sport treiben oder in der Natur entspannen kann. Entlang der Alleen rollen zu jeder Stunde Fahrräder, Skateboards, Kinderwagen und Inliner. Vor allem im Sommer verbringt man dort gerne ein paar Stunden. Wunderschön ist es, hier eine Pause vom Trubel der lauten Stadt einzulegen, vielleicht gar im Gras eine Decke auszubreiten und ein kleines Picknick mit Kindern und Familie oder Freunden zu genießen. Oder einfach nur zu lesen. Zugegeben, die Szenerie von Błonia kann beim Lesen etwas ablenken und zerstreuen. Der Wind blättert wild die Seiten um, die Sonnenstrahlen spiegeln sich im Bildschirm des Laptops. Dann hilft nur eins – das Buch wieder zuklappen, auf den blauen Himmel schauen und sich von den Sonnenstrahlen streicheln lassen. Wer will da schon weg?

TIPP

Nach einem Spaziergang kann man sich im nahe gelegenen Błonia Bistro stärken.

- Błonia, aleja 3 Maja, 30-111 Kraków
- ÖPNV: Tram 6, 20, Haltestelle Muzeum Narodowe

Gotik trifft Jugendstil

52 Die Franziskanerkirche am Allerheiligenplatz

Außen strenge gotische Architektur, innen weiche Bögen und leuchtende Farben: So ließe sich die Franziskanerkirche mit einem Satz beschreiben. Die zu Ehren des heiligen Franz von Assisi geweihte frühgotische Basilika wurde 1269 errichtet. Mehrere Stadtbrände bedingten ihre häufigen Umgestaltungen, vor allem der letzte im Jahre 1850. Im späten 19. Jahrhundert war die Kirche dann wie Phönix aus der Asche auferstanden und ihr Inneres bekam ein prächtiges Aussehen. Besonderer Anteil an dieser Verwandlung ist den Jugendstilwerken von Stanisław Wyspiański zuzuschreiben. Nach seinen Entwürfen entstanden die Fresken im Chorraum und im Querschiff mit ihren geometrischen und floralen Motiven wie den typischen polnischen Wiesenblumen. Großartig sind auch die Bleiglasfenster von Wyspiański. Den gesamten Innenraum dominiert das monumentale Bild „Gott der Vater, der die Welt aus dem Chaos erschafft", das oberhalb des Chorraumes zu sehen ist. Es zeigt Gott im Augenblick der Erschaffung der Welt. Seine Gestalt schwebt über dem endlosen Ozean. Sehr expressiv wirken das Gesicht und die schöpferische Geste der Hand, die die vier Elemente Feuer, Wasser, Luft und Erde beherrscht.

TIPP
Lust auf mehr von Wyspiański? Dann lohnt sich der Besuch im Krakauer Nationalmuseum.

Im Presbyterium zeigen die Fenster den Kirchenpatron, den heiligen Franziskus, der barfuß auf Zweigen steht und sein Gesicht dem Himmel zuwendet, sowie die selige Salomea mit Lilien als Symbol der Reinheit. Die Gestalten sind üppig umgeben von Blumen, Blättern und Zweigen. Weitere Glasbilder des Presbyteriums versinnbildlichen die Kraft der Naturelemente: brennende Baumstämme mit blauen und gelben Flammen sowie das Rot der Blumen symbolisieren das Feuer. Auf das Wasser weisen Schwertlilien und Seerosen hin. Alle Glasfenster fügen sich organisch in das gotische Fensterformat ein. Die leuchtenden Farben vom feurigen Rot bis zum kühlen und ruhigen Blau spielen mit dem einfallenden Licht und je nach Tageszeit verändern sie die Stimmung des Kirchenraumes. Diese herrliche Begegnung von Gotik und Jugendstil ist zu jeder Zeit eine Augenweide für den Betrachter.

- Bazylika Franciszkanów św. Franciszka z Asyżu, plac Wszystkich Świętych 5, 31-004 Kraków, Tel. +48 (12) 4 22 53 76, https://franciszkanska.pl
- ÖPNV: Tram 1, 2, 4, 6, 8, Haltestelle Plac Wszystkich Świętych

Farbenpracht im Museum

53 Im Józef-Mehoffer-Haus

In der Krupnicza 26 lebte schon immer Kunst: In diesem Haus wurde 1869 der berühmte polnische Maler Stanisław Wyspiański, Sohn des Bildhauers Franciszek Wyspiański, geboren. Und heute findet man unter dieser Adresse eine der prächtigsten Jugendstil-Sammlungen in ganz Polen. 1932 erwarb Józef Mehoffer (1869–1946), einer der bekanntesten Künstler des polnischen Jugendstils und seinerzeit Rektor der Krakauer Akademie der Schönen Künste, dieses Haus. Er war es, der es in einen kleinen Palast verwandelte und nebenan einen neuen Garten anlegte.
Heute dient das Gebäude als Museum und ist für jedermanns Glück öffentlich zugänglich. Beim Betreten des Museums staunt man gleich über das imposante Treppenhaus. Fein gearbeitete Holzelemente, vergoldete Details, zahlreiche Bilder und ein übergroßer Entwurf Mehoffers für das Bild „Rosa Mystica" an den Wänden vermitteln dem Besucher den Eindruck, um ein knappes Jahrhundert zurückversetzt zu sein. Diese Empfindung verstärkt der Rundgang durch die Räume, in denen zahlreiche Objekte aus dem ehemaligen Wohnhaus im Original zu sehen sind – antike Möbel, Fotografien, Bücher, die Staffelei des Künstlers, die Sammlung japanischer Holzschnitte, Kunsthandwerk und vieles mehr. Alle Zimmer beeindrucken durch ihre reiche und harmonische Einrichtung, jedes auf seine eigene Art und Weise. Man hat das Gefühl, weniger in einem Museum als in einem authentischen Familiendomizil zu sein, als ob man gerade zu einem erlesenen Musiksalon eingeladen wäre. Der Höhepunkt des Museums sind jedoch die Werke von Józef Mehoffer selbst: Ölgemälde, Zeichnungen, Grafiken und Glaskunstwerke. Vor allem Letztere imponieren dem Zuschauer mit ihren rauschenden Farben, grazilen Formen und verspielten Dekoren.
Genussvolle Momente beschert der Besuch im Mehoffer-Garten vor allem im Sommer, wenn die Rosensträucher in voller Blüte stehen. Man wird auf Anhieb in eine paradiesische Welt versetzt, in der Ruhe und Stille herrschen. Hier kann man sich auf eine der vielen Bänke mit einem guten Buch zurückziehen und dem Alltag entweichen.

- Dom Józefa Mehoffera, ulica Krupnicza 26, 31-123 Kraków, Tel. + 48 (12) 4 33 58 80 https://mnk.pl/branch/the-mehoffer-house
- ÖPNV: Tram 2, 4, 14, 18, 20, Haltestelle Teatr Bagatela

Alleen voller Azaleen

54

Im Botanischen Garten in Krakau

Der Botanische Garten liegt nicht weit weg von Krakaus pulsierendem Zentrum entfernt. Dennoch gibt er seinen Besuchern das Gefühl, vom städtischen Trubel vollkommen abgeschieden zu sein. Umgeben von wohlduftenden Pflanzen in allen Farben, fühlt man sich wie in einem exotischen Urlaubsland. 1783 gegründet, ist er der älteste botanische Garten Polens, der heute an die 8000 Pflanzengattungen zählt. Gleich am Eingang ragt die große moderne Orangerie Viktoria empor, die die gleichnamige 170 Jahre alte Dattelpalme beherbergt. Insgesamt gibt es drei Orangerien und jede hat ihre Spezialität. In der kleinsten „Hollenderka“ finden sich unzählige Orchideensorten. In der Jubiläumsorangerie kommen Liebhaber der Kulinaristik auf ihre Kosten – hier wachsen Gebrauchspflanzen wie Kaffee, Tee und Kakao, Küchenkräuter, allerlei Gewürze und Früchte.

TIPP
Lohnenswert ist der Besuch des kleinen, aber sehr feinen Botanik-Museums!

Im Frühjahr wird der Garten zu einem Magnet für Magnolien-Anbeter. Im Spätsommer und im Herbst beglücken prachtvolle Azaleen das Auge. Doch besonders farbenfroh ist es im frühen Sommer, wenn unzählige Iris und Rosen in voller Blüte stehen. Eine Allee trägt den Namen Krakauer Bänder, denn ihre Rabatten spiegeln die bunten Farben der lokalen Nationaltracht wider. Interessant für auswärtige Besucher ist ein Gartenteil mit regionalen Pflanzen, wie man sie in polnischen Dorfgärten vorfindet: Studentenblumen, Malven, Kürbisse, Karotten und Zucchini. Nebenan kann man zudem eine kleine Imkerei besichtigen.
Hinter einem Teich beginnt der älteste Teil des Botanischen Gartens, das Arboretum. Der größte Stolz des Gartens ist die dreihundertjährige Jagiellonen-Eiche. Zu den „betagten“ gehört auch der 150 Jahre alte Gingko biloba – eine weibliche Pflanze, die im Herbst Früchte trägt, was man nur selten sieht. Und wenn man sich an der Blumenpracht sattgesehen hat, kann man ein Bänkchen an einem Springbrunnen aufsuchen, die bunten Wasserspiele beobachten, vielleicht gar eine Münze hineinwerfen und sich dabei die Wiederkehr an diesen Glücksort wünschen.

● Ogród Botaniczny Uniwersytetu Jagiellońskiego, ulica Mikołaja Kopernika 27, 31-501 Kraków, Tel. +48 (12) 4 21 26 20, https://ogrod.uj.edu.pl/english
● ÖPNV: Tram 2, 4, 10, 14, 20, Haltestelle Lubicz

Aloe-Limonade am Holzkamin

55

In der Salatbar Chimera unweit vom Hauptmarkt

Auch wenn der Name etwas rätselhaft klingt, könnte man das Chimera als eine romantische Fast-Food-Gaststätte beschreiben. Diese Salatbar befindet sich im überdachten Innenhof eines mittelalterlichen Krakauer Hauses. Das transparente Dach lässt das Tageslicht durchscheinen, wodurch der Raum hell und freundlich wirkt. An den Wänden sind zum Teil noch freigelegte Backsteine zu sehen, an denen sich grüne Pflanzen hochranken. Hier und dort sind die Wände mit Fresken dekoriert. Die Inneneinrichtung des Lokals sieht originell aus und verrät guten künstlerischen Geschmack. Alte Möbelstücke, antiquarische Lampen, zahlreiche kleine Details und ein Holzkamin schaffen ein charmantes Ambiente.

Das Herzstück des Lokals ist eine lange Theke, an der man sich seine Speisen selbst aussucht. Beindruckend ist vor allem die Auswahl der Salate, die mehrere Dutzend Varianten zählt. Warme Suppen, vielfältige Kuchen und Tartes, naturbelassene Säfte aus Äpfeln, Orangen, Tomaten, Granatäpfeln und Karotten sowie hausgemachte Limonaden runden das Angebot ab. Darunter finden sich bunte Kreationen wie beispielsweise Petersilienwein oder Aloe-Limonade. Auch Süßspeisen lassen keinen Wunsch offen. Dank Selbstbedienung bekommt man im Chimera schnelles und leckeres Essen.

Was genau hier gekocht wird, kann der Kunde gleich hinter der Theke begutachten. Große Kisten voller Kürbisse, Äpfel, Brokkoli, Zwiebeln, Zucchini oder Paprika strahlen in frischer Pracht, als ob man soeben den kompletten Marktbestand von Stary Kleparz aufgekauft hätte.

Die Speisekarte aus der Chimera-Küche lässt vor allem die Herzen von Vegetariern und Veganern höherschlagen. Aber auch Fisch- und Fleischgerichte finden sich hier in großer Auswahl. Zudem sind die Speisen erstaunlich erschwinglich, und das macht nicht nur den Gaumen, sondern auch den Geldbeutel glücklich. An lauen Sommerabenden sitzt man besonders gemütlich im Garten, umgeben von rankendem Wein, und manchmal kann man bei Kerzenlicht Livemusik hören.

- Bar sałatkowy Chimera, ulica św. Anny 3, 31-008 Kraków, Tel. +48 (12) 2 92 12 12
  http://chimera.com.pl/en
- ÖPNV: Tram 6, 20, Haltestelle Uniwersytet Jagielloński

Design made in Krakau

56 Grzegorz Błażkos Juweliergeschäft in Kazimierz

„Man kann allem widerstehen – außer der Versuchung!“ Dieser Satz von Oscar Wilde kommt einem als Erstes in den Sinn, wenn man das Juweliergeschäft Blazko Jewellery in der Józefa-Straße betritt. Dezent angeleuchtete Glasvitrinen mit wunderschönen Colliers, Armbändern, Ringen und Ohrringen ziehen die Kundschaft an wie ein Magnet.
Der Inhaber des Ladens, der Goldschmied Grzegorz Błażko, stellt seit mehreren Jahren seine Unikate aus Silber her und hat inzwischen sein einmaliges, unverkennbares Label geschaffen. Der Juwelier kombiniert gerne Metalle wie Silber und Kupfer mit Kristallen, Harz oder Acryl. Dafür hat er eine eigene Technik entwickelt: Die geschmiedeten Schmuckstücke werden zunächst mit kunstvoll geschnitzten Motiven verziert und im zweiten Schritt werden darauf Acryl- oder Harzelemente aufgetragen. Manchmal werden sie auch mit edleren vergoldeten Elementen ausgeschmückt. Besonders charakteristisch für sein Design ist die Farbkombination aus Schwarz und Weiß – daran erkennt man zweifelsfrei den echten Błażko. Die schwarz-weiße Kollektion hat er bereits in den 1990er-Jahren kreiert und sie erfreute sich einer dermaßen großen Beliebtheit, dass der Künstler sie bis heute fortführt. In der Wiedererkennbarkeit des Musters ist sicherlich auch die Popularität dieses Schmucks verwurzelt.
Blażkos Technik lässt eine große Vielfalt an Motiven und Farben zu, mit denen er bei neuen Kollektionen sehr gerne experimentiert, sodass sie in der Welt der Kunstsachverständigen gar mit Werken von Hundertwasser, Gaudí oder Klimt verglichen werden. Auch wenn dieser Vergleich sehr schmeichelhaft ist, Blażko bleibt dennoch Blażko. In seinem Schaffen lässt er sich von seiner eigenen Fantasie leiten. Das Geschäft in der Józefa-Straße ist bis jetzt der einzige Ort, an dem man die Schmuckstücke des Künstlers direkt erwerben kann. Es ist auf jeden Fall auch der richtige Ort, wenn man ein außergewöhnliches Geschenk für einen lieben Menschen sucht oder aber sich selbst eine Freude bereiten möchte.

● Blazko Jewellery, ulica Józefa 11, 30-059 Kraków, Tel. +48 (5 79) 05 64 56
https://sklep.blazko.pl/en_GB/index
● ÖPNV: Tram 6, 8, 10, 13, Haltestelle Stradom

Glück für Hobbyarchäologen

57 Der unterirdische Marktplatz

Unterhalb des Hauptmarktes, etwa zwischen den Tuchhallen und der Marienkirche, kann man in Krakau in einer Tiefe von 4 Metern eine Zeitreise unternehmen. Diese Gelegenheit bietet das Museum „Unterirdischer Marktplatz", das über 1000 Jahre Krakauer Geschichte präsentiert.
In einem großen abgedunkelten Raum mit mehreren Nebengängen bekommt man ein plastisches Bild davon, wie die Stadt in der Vergangenheit aussah. Ganze Straßenzüge mit Fundamenten aus dem 12. und 13. Jahrhundert, Backsteinmauern, Relikte historischer Häuser sowie authentische Holzkonstruktionen sind hier zu sehen. Sogar das ursprüngliche Wassersystem der Stadt wurde rekonstruiert. Holografische Projektionen historischer Gebäude, untermalt mit realistisch wirkenden Stimmen und Geräuschen, schaffen zudem eine besondere Atmosphäre und vermitteln den Eindruck, man sei mitten im mittelalterlichen Krakau angekommen. In den Ausstellungsvitrinen kann man Ausgrabungsfunde wie Keramik, Essgeschirr, Schmuck, Kleidungsstücke, Münzen und mittelalterliche Arbeitsgeräte betrachten.
Als besondere Ergänzung zu den präsentierten Ausstellungsstücken bietet das Museum multimediale Beiträge an, die das historische Leben sehr anschaulich darstellen. Kurze Filme zeigen beispielsweise die mittelalterlichen Tuchhallen und den Hauptmarkt als Handelsort, Szenen aus dem Alltag mit altertümlichen Marktbuden und historisch gekleideten Händlern und Käufern, die sich etwas zurufen oder gar miteinander flirten. Die Ausstellung ist sehr detailreich und mit großem Fachwissen aufgebaut. Man kann hier mehrere Stunden verbringen und die Faszination, die von der Vergangenheit ausgeht, lässt nicht nach. Eine wunderbare Zeitreise, die man auf keinen Fall missen möchte! Selbstverständlich gibt es auch tolle Attraktionen für kleine Kinder: In einem separaten Multimedia-Raum kann man nicht nur den Wawel-Drachen sehen, sondern auch Krakaus alte Legenden hören.

- Muzeum Rynek Podziemny, Rynek Główny 1, 31-042 Kraków, Tel. +48 (12) 4 26 50 02
https://muzeumkrakowa.pl/en/branches/rynek-underground
- ÖPNV: Tram 2, 4, 8, 13, 14, Haltestelle Teatr Bagatela

Kroatien-Feeling

58 Am Stausee Zakrzówek in Dębniki

Bäume, wilde Gräser und türkisfarbenes Wasser, umringt von spektakulären Kalkfelsen, die im Sonnenschein glänzend weiß erscheinen. Diese anmutige Ecke Krakaus hat einen Namen: Zakrzówek. Der Stausee mit seinen zahlreichen malerischen Buchten hat sich in einem ehemaligen Steinbruch gebildet, in dem bereits im Mittelaltar Kalkstein abgebaut wurde. Der See ist bis zu 32 Meter tief und die Ufer bilden abschüssige, bis zu 30 Meter hohe Felswände. Manchmal wird er auch – sehr zutreffend – mit den herrlichen Landschaften kroatischer Inseln verglichen.
Zakrzówek wird von den Krakauern gerne als Naherholungsgebiet genutzt. An den steilen Ufern sitzen öfter Picknick-Pilger, die sich mit Grillen und Baden beschäftigen. An heißen Sommertagen bietet der Stausee eine willkommene Abkühlung und das Wasser ist so klar, dass man fast bis auf den Boden schauen kann. Nicht umsonst ist Zakrzówek bei Tauchern aus ganz Polen sehr beliebt. Hier befindet sich das Diving-Center Kraken, das in der warmen Jahreszeit täglich geöffnet hat. Ganz entspannt ins kühle Nass gleiten – kann es etwas Schöneres geben?
Auch Wanderer und Radfahrer, die die Wildnis mehr schätzen als asphaltierte Wege, besuchen gerne diesen charmanten Ort. Andere wiederum wählen Zakrzówek, um außergewöhnliche Fotos zu machen, denn die Motive am See und in der Umgebung sind wahrhaftig bilderbuchreif. Gleich neben dem See stehen Felsformationen aus der Jura-Zeit, die sogenannten Twardowski-Felsen. Sie werden mit Begeisterung von den lokalen Kletterern genutzt. Zahlreiche Kletterrouten sind hier markiert und mit Dauersicherung versehen.
Die fantastische Lage und die fabelhafte Landschaft machen diese Gegend zu einem der idyllischsten Orte rund um die ganze Stadt. Abwechslungsreiche Natureindrücke, Ruhe und Frieden, und das alles weniger als 3 Kilometer von der Altstadt Krakaus entfernt. Ein Ausflug zum Zakrzówek garantiert einen facettenreichen erholsamen Tag mit guter Laune.

- Zalew Zakrzówek, Dębniki, 30-376 Kraków
- ÖPNV: Tram 11, 17, 18, 52, 62, 72, Bus 578, 662, Haltestelle Norymberska

Fair und exklusiv

59 Mode von KOKOWorld in der Starowiślna-Straße

Wer nach einer Bekleidungsmarke sucht, die umweltfreundliche Materialien und gute Produktionsethik mit unkonventionellen Designs kombiniert, der ist bei KOKOWorld in der Starowiślna-Straße genau richtig. Schon beim Betreten des Ladens staunt man über das ungewöhnliche Interieur: An der Decke ist eine Weltkarte abgebildet, von der ein überdimensionaler Rucksack herunterhängt. Dieses Dekorationselement ist nicht zufällig gewählt, sondern symbolisch für eine Reise und einen Neuanfang. Mit einem Rucksack begann auch die erfolgreiche Karriere von Agata Kurek, der Gründerin von KOKOWorld. Eines Tages packte Agata ihre Sachen und begab sich nach Westafrika. Dieser Teil der Welt mit seinen bunten Textilien und seiner einzigartigen Musik faszinierte sie schon länger. Am Fluss Niger nähte sie zusammen mit lokalen Schneidern ihre ersten Batik-Taschen und lernte sehr viel über die afrikanische Textilindustrie. Auf den Heimweg nahm sie in ihrem Rucksack schöne Batik-Stoffe und eine neue Geschäftsidee mit: faire modische Kleidung zu designen und faires Handwerk zu betreiben. So wurde also das große Projekt von KOKOWorld geboren, das sich als sehr erfolgreich erwies.

Die Boutique von Agata Kurek verkauft exklusive Kleidung und Accessoires mit originellen Mustern – von Hosen und Kleidern über Mützen und Loops bis hin zu Halsketten und Ohrringen. Ihre Muster und Schnitte sind inspiriert von den verschiedenen Kulturen der Welt, jedoch immer lokal entworfen. Alle KOKO-Kollektionen sind aus langlebigen und nachhaltigen Stoffen hergestellt. Schon beim Anfassen fühlen sich die Sachen so gut an, dass man sie unbedingt anprobieren möchte. Und selbstverständlich findet man hier Rucksäcke in diversen Ausführungen. Bei KOKOWorld achtet man auf die Herkunft der Materialien und auf die Verwendung von ökologisch vertretbaren Färbemitteln. Schließlich wünscht sich die Designerin, dass ihre Modelle und Styles jahrelang halten und nicht aus der Mode kommen. Wer hier kauft, wird also viele Jahre glücklich sein!

● Boutique KOKOWorld, ulica Starowiślna 19, 31-038 Kraków
https://kokoworld.uk/en
● ÖPNV: Tram 3, 18, 24, 50, 52, Haltestelle Starowiślna

n eating breakfast,
re than half world"
Martin Luther King
NOWA KOLEKCJA
NEW COLLECTION

Im Reich des weißen Goldes

60

Das Salzbergwerk Wieliczka

Die berühmte Salzmine Wieliczka liegt nur wenige Kilometer von Krakau entfernt. Heute gehört sie zum UNESCO-Weltkulturerbe und bietet ihren Besuchern unvergessliche Erlebnisse im Reich des weißen Goldes. Unter Tage, in einer Tiefe bis zu 327 Metern, gibt es viel Faszinierendes zu entdecken: Höhlen, Kammern und Stollen, Kapellen und Salzseen, kurzum ein ganzes unterirdisches Universum aus Salz. Bei einer geführten Besichtigungstour kann man in die Geschichte der Salzgewinnung eintauchen, die hier bereits um die Mitte des 13. Jahrhunderts betrieben wurde. Mit dem traditionellen Gruß „Glück auf" wurden die Bergleute einst in die Mine abgeseilt. Die Arbeit war keine einfache, was historische Werkzeuge und nachgestellte Alltagsszenen anschaulich zeigen. Umso erstaunlicher ist es, dass Bergmänner neben ihrer Arbeit auch noch Zeit fanden, prächtige Kunstwerke und ganze Kapellen aus Salz zu schaffen. Letztere dienten der Andacht und der Versammlung, hier wurden den Bergmännern Brot und Kerzen ausgeteilt.

TIPP
Am besten warme Sachen anziehen! Unter Tage herrscht eine Lufttemperatur von 15 Grad.

Von den insgesamt 26 unterirdischen Kapellen in Wieliczka ist die Kapelle der heiligen Kinga besonders faszinierend. 50 Meter lang und 12 Meter hoch wirkt sie wie eine pompöse Kathedrale. Hier besteht alles aus Salz: der Altar, die Kanzel, die Heiligenstatuen, dreidimensionale Wandbilder, ja gar die prachtvollen Lüster, die von der Decke hängen. Man hört nicht auf zu staunen über den Detailreichtum und die Kunstfertigkeit ihrer Urheber.

Einen romantischen Anblick bietet der Salzsee mit seinem geheimnisvoll schimmernden Wasser. Früher war sogar eine Bootstour möglich, etwa zu Kaiserzeiten. Als Franz Josef I. Wieliczka besuchte, wurde er mit Orchestermusik und dem Gesang der Bergleute empfangen. Damals bekam er einen Salzkristall in der Größe eines Kubikmeters geschenkt, der im Wiener naturhistorischen Museum zu sehen ist. Nun, heute erhält man solch teure Gaben nicht, aber der Besuch der unterirdischen Welt Wieliczkas ist selbst ein großartiges Geschenk!

- Kopalnia Soli Wieliczka, ulica Daniłowicza 10, 32-020 Wieliczka, Tel. +48 (12) 2 78 73 02, www.wieliczka-saltmine.com
- ÖPNV: Bus 304, Haltestelle Wieliczka Kopalnia Soli

Im Schokoladenparadies

61 Chocolatier Karmello gegenüber vom Wyspiański-Pavillon

Das kleine Café an der Ecke der Grodzka-Straße zum Allerheiligenplatz hat große Schaufenster, die wie ein Magnet den Blick der Passanten fesseln, denn die Auslagen versprechen einen unendlichen Genuss für Schleckermäulchen. Es handelt sich dabei um das Schokoladenparadies Karmello. Bereits an der Schwelle des kleinen Ladens werden die Besucher von bezaubernden Aromen begrüßt. Schmeichelnde Düfte erfüllen jede Ecke des Lokals und erinnern mal an den kräftigen gerösteten Kaffee, mal an den Geschmack der Schokolade, die im Mund schmilzt, und mal an die belebende Kraft eines Früchtecocktails an heißen Sommertagen.

Die süße Versuchung wird noch größer, wenn man in die Verkaufsvitrinen im Laden schaut. Die kleinen runden, eckigen oder geschwungenen Kunstwerke aus Schokolade sind mit raffinierten Gewürzen verfeinert und bieten Geschmacksnoten in allerlei Richtungen – Zimt und Kardamom, Mango und karamellisierte Johannisbeere, Cuba Libre und Mojito, Mandel und Pfefferkuchen. Die Vielfalt der hier angebotenen Pralinen, Schokoladentafeln und anderer Süßigkeiten lässt sich kaum in wenigen Sätzen beschreiben. Ein Biss sagt mehr als tausend Worte! In der Schokolade von Karmello entfaltet sich der einzigartige Geschmack hochwertigen Chocolatier-Handwerks, vermengt mit großer Leidenschaft. Nicht nur für Gourmets ein Fest! An den Stehtischen im Karmello darf man mit einem passenden Getränk all die Süßigkeiten gleich vor Ort probieren. Verspricht das nicht einen großartigen Genuss?

Sehr beliebt ist das Karmello bei Studentinnen und Studenten, liegt es doch auf dem Weg zu den Instituten. Sie schauen gerne hier in der Früh vorbei, um noch schnell einen leckeren Kaffee to go mitzunehmen, bevor sie in die Vorlesungen aufbrechen. Oder sie besuchen das Karmello am Abend, wenn sie die Lust auf die beste Schokolade der Stadt packt. Dieses schokoladige Geschäft macht mit seinen raffinierten Leckereien zu jeder Tageszeit glücklich.

- Chocolatier Karmello, plac Wszystkich Świętych 11, 33-332 Kraków, Tel. +48 (12) 4 22 03 72, www.karmello.pl
- ÖPNV: Tram 1, 2, 4, 6, 8, Haltestelle Plac Wszystkich Świętych

ZESTAW CIASTECZEK STUDENCKICH
STUDENT COOKIES SET
24,99zł
CIASTECZKA STUDENCKIE
RUBY Z PASTĄ ARACHIDOWĄ
CIASTECZKA STUDENCKIE

Entspanntes Flanieren

62 Besuch in der Floriańska-Straße

Jede Stadt hat ihre eigene Flaniermeile, wie zum Beispiel die Champs Élysées in Paris oder der Ku'damm in Berlin. In Krakau heißt sie Floriańska. Zwar ist sie bei Weitem nicht so lang wie die Shopping-Straßen der großen Metropolen, dennoch ist sie ein touristisches Muss. Die Floriańska-Straße beginnt am Hauptmarkt am Fuß der Marienkirche und führt zum Florianstor an der ehemaligen Stadtmauer. Als Tourist läuft man sie mehrfach rauf und runter, allein schon deshalb, weil gerade hier viele Sehenswürdigkeiten zu finden sind. Gleich zu Beginn unter der Hausnummer 3 befindet sich der legendäre Jazz Club „U Muniaka". Weiter oben in der Straße trifft man auf das Pharmazie-Museum, das Museum der Wachsfiguren und das berühmte Wohnhaus des Künstlers Jan Matejko. Auch das traditionsreiche Café Jama Michalika unter der Hausnummer 45, das zu den ältesten in Krakau gehört, darf nicht unerwähnt bleiben: Über Jahrzehnte hinweg war es eine bekannte Adresse für die Krakauer Boheme. Die Promenade endet am gotischen, mit Wappen geschmückten Stadttor Brama Floriańska aus dem frühen 14. Jahrhundert.

TIPP
Wer eine Touristeninformation benötigt, findet sie bei Magda in der Floriańska-Straße 22.

In die Floriańska kommt man jedoch nicht nur wegen der Kultur. Die Promenade mit ihren Geschäften, Souvenirläden und Galerien lädt zum entspannten Bummeln und Shoppen ein. Man findet dort alles, was das Herz begehrt, von kleinen Geschenken und touristischen Andenken über Kunstwerke bis hin zu Kleidung, Schuhen und Taschen. Auch an Imbissbuden, Bäckereien, Konditoreien und Restaurants mangelt es nicht. Nach einem längeren Spaziergang kann man sich beispielsweise mit leckeren Gerichten der polnischen Küche in der „Pierogarnia Krakowiacy" stärken oder ein Eis bei „Lody z lodziarni" mitnehmen.

Nachdem man das alles am Tag gesehen hat, muss man unbedingt am Abend noch einmal kommen. Im Licht der Straßenlaternen sieht die Promenade elegant und zauberhaft aus. Aus dem Muniak-Club tönt jetzt Musik, die eine Einladung zu einem Absacker oder zum Tanzen ist.

● Ulica Floriańska, Beginn an der Marienkirche am Hauptmarkt, 31-021 Kraków
● ÖPNV: Tram 2, 4, 10, 14, 10, Haltestelle Teatr Słowackiego

Mit Wind und Brise

63

Eine Schiffstour auf der Weichsel

Die Krakauer Hügel, Klöster, Kirchen, Türme und Paläste sehen nicht nur in natura schön aus. Anmutig ist ihr Anblick auch, wenn sich ihre Silhouetten im Wasser spiegeln! Um dies einmal zu erleben, besteigt man am besten eines der bunten Schiffe, die unterhalb des Wawel-Schlosses starten und die Weichsel entlangtuckern. Ob „Patria", „Helena", „Legenda", eine schmucke namenlose Gondel oder gar ein einfacher Katamaran, sie alle bieten ein einmaliges und unvergessliches Erlebnis. Eine Rundfahrt, auf der man das Gesamtpanorama mit den wichtigsten Sehenswürdigkeiten der Stadt vom Wasser aus betrachten kann, dauert etwa eine Stunde. Dabei kann man wunderbar an Deck die Seele baumeln lassen und zugleich die Schönheiten Krakaus an sich vorbeiziehen lassen: das königliche Wawel-Schloss, das futuristische Manggha-Museum, das moderne Kongresszentrum ICE, die imposante barocke Kirche am Skałka-Hügel, die Umrisse der Häuser im Kazimierz- und Podgórze-Viertel, die Bernatek-Brücke voller Liebesschlösser und die unverkennbare rostfarbene Cricoteka. Flussaufwärts gleitet man am Bronisława-Berg und dem Kościuszko-Hügel sowie an der emporragenden Salvator-Kirche und dem Norbertinerinnenkloster entlang. Mit Sonnenstrahlen auf den Wangen, Wind um die Nase und feuchter Brise an den Lippen schaut man den Enten zu, die nach dem Start noch ein Weilchen ganz zaghaft dem Schiff folgen. Oder den Möwen, die unerschrocken durch die Lüfte segeln.

Hat man Lust auf mehr, so kann man zu einer zweieinhalbstündigen Fahrt zur barocken Benediktinerabtei Tyniec aufbrechen. Sollte das touristische Programm hingegen schon sehr voll sein, gönnt man sich mindestens 30 Minuten Wasserglück, um einen Teil der Panorama-Route mitzumachen. Besonders romantisch sind die Bootsfahrten am Abend: Auf einer Tour in der Dämmerung kann man entspannt den Tag ausklingen lassen oder einen unterhaltsamen Abend einläuten.

TIPP

Nach der Bootsfahrt den Wawel-Drachen besuchen. Vielleicht spuckt er zufällig gerade Feuer?

- Schiffstour auf der Weichsel, Einstieg unterhalb des Wawels, in der Nähe der Powiśle-Straße, 31-101 Kraków
- ÖPNV: Tram 1, 2, Haltestelle Jubilat

Helena

Umwerfende Aromen

64 Der exklusive Laden Szambelan in der Bracka-Straße

Ein paar Meter vom Hauptmarkt entfernt trifft man auf einen kleinen originellen Laden mit dem rätselhaften Namen Szambelan. Erst auf den zweiten Blick erkennt man, dass der Name auf „chamberlain" anspielt, die englische historische Bezeichnung eines Hofdieners. Seit gut 20 Jahren ist dieser Laden eine bekannte Anlaufstelle für alle, die exklusive alkoholische Getränke von hoher Qualität zu schätzen wissen. Von Hofdienern wird man hier zwar nicht empfangen, dafür aber von einer freundlichen Dame an der Theke. Gerne erklärt sie der Kundschaft, was die Spezialitäten des Ladens sind, und lässt sie das eine oder andere Getränk probieren. Ein besonderer Hingucker im Laden sind die großen Bouteillen sowie Keramikfässer und Glaskaraffen in ungewöhnlichen Formen. In den raffinierten Behältern ruhen allerlei Brände und Liköre, die fast alle von den Besitzern des Geschäfts selbst hergestellt werden. Die große Auswahl deckt alle erdenklichen Geschmacksnuancen ab. Ein Fest für die Sinne ist auch die Farbpalette der angebotenen Getränke, die von Zitronengelb bis zu dunklem Rot oder Violett reicht.

Einen großen Teil des Assortiments machen Brände mit Auszügen aus diversen Früchten aus, wie etwa Zitrone, Pflaume, Pfirsich, Birne oder Kirsche. Und es gibt sehr ungewöhnliche Variationen – mit Angelika-Wurzel, Pfeffer, Ingwer, Nelke oder Meerrettich. Über den Geschmack kann man bekanntlich streiten und bei dieser Qual der Wahl heißt es für den Kunden: schnuppern und probieren! Bevorzugt man eine Kräuter- oder eher eine Walnuss-Note? Und wie wäre es mit einem Likör aus Orangen und Schokolade? Oder vielleicht einmal den 15 Jahre alten Met kosten? Ganz so einfach ist die Entscheidung wahrlich nicht. Denn auch die wilde Rose oder Salz und Karamell schmecken sehr fein. Nachdem man sich an den originellen Mischungen fröhlich geschnuppert und probiert hat, kann man sich die gewünschte Menge eines Getränks in eine der schön dekorierten Flaschen oder Karaffen abfüllen lassen.

- Sklep Szambelan, ulica Bracka 9, 30-005 Kraków, Tel. +48 (12) 6 28 70 93
www.szambelan.pl/en
- ÖPNV: Tram 1, 2, 4, 6, 8, 13, Haltestelle Plac Wszystkich Świętych

Likier brzoskwiniowy
Cena / Price 100 ml - 14,00 zł
Piołunówka
Wiśniówka Szambelana
Cherry vodka
Liqueur de cerises
Cena / Price 100 ml - 15,00 zł
Likier miętowy
Krupnik miodowy
Nalewka miodowa
z pieprzem 40%
Honey and pepper vodka
Nalewka Szefa

Einzigartige Kastanienoase

65 Der Kastaniengarten hinter dem Hauptbahnhof

Ein besonderer Glücksort versteckt sich hinter der großen barocken Klosteranlage des Ordens der Barfuß-Karmeliten in einem Neubauquartier zwischen der Rakowicka- und der Veit-Stoß-Straße: der Kastaniengarten. Er entstand auf Initiative der Krakauer Bürger, die sich immer wieder neu dafür engagieren, ihre Stadt noch grüner und noch lebenswerter zu machen. Auf diese Initiative hin wurden bislang in mehreren Stadtteilen gut zwei Dutzend kleine Spiel- und Erholungsoasen für Groß und Klein eingerichtet. Taschengärten werden sie liebevoll genannt, weil sie nur eine kleine Fläche beanspruchen, auf der man sich wie im eigenen Garten fühlen kann. Jede einzelne dieser Grünanlagen hat einen thematischen Schwerpunkt: Es gibt einen Schmetterlings- und einen Blumengarten, einen Wald- und einen Vogelgarten, einen mathematischen und einen prähistorischen Garten und noch viele, viele mehr! Allein schon ihre Namen sind so ansprechend, dass man sie unbedingt besuchen möchte.

Der Kastaniengarten in der Rakowicka-Straße ist mit liebevoll designten und hauptsächlich aus Holz gebauten Spielgeräten ausgestattet. In ihrem Aussehen sind sie allesamt an eine Kastanienfrucht angelehnt. Im Mittelpunkt der Anlage stehen zwei Häuschen in Kastanien-Form, in denen die kleinen Besucher mit großer Begeisterung spielen. In die Häuschen gelangt man über Seile, Stufen oder Leitern, man muss sich also schon ordentlich anstrengen, um dorthin zu kommen! Selbstverständlich gibt es auch eine Rutsche, um am Ende wieder hinauszugelangen.

Der Kastaniengarten bietet nicht nur ein großes Spielvergnügen, sondern ist auch eine wahre Wonne für das ästhetisch anspruchsvolle Auge. Erholsame Ecken gibt es hier selbstverständlich auch. Der Spielpatz ist umgeben von zahlreichen Bänken, auf denen man ausruhen kann. Alte Bäume spenden den begehrten Schatten. Was will man mehr? Vielleicht nur noch eins: ein ordentliches Eis! Aber auch daran wurde gedacht: Für das süße Glück sorgt ein kleiner Kiosk! Vanille oder Schokolade?

- Ogród Kasztanowy Krakowian, ulica Rakowicka 20, 30-001 Kraków
- ÖPNV: Tram 2, Bus 182, 189, 482, 501, 511, Haltestelle Uniwersytet Ekonomiczny

Indisch genießen

66

Im Restaurant Masala am Kleinen Markt

Zwar spielt am Hauptmarkt immer die Musik, doch Krakau hat auch andere schöne Plätze. Wie wäre es mit einem Abstecher zum Kleinen Markt? Nur wenige Straßenzüge von seinem großen Bruder entfernt, ist der Kleine Markt zwar weniger touristisch, aber nicht weniger attraktiv. In den herrschaftlichen Häusern auf beiden Seiten des länglichen Platzes gibt es zahlreiche Lokale, die zum Verweilen einladen. In der warmen Jahreszeit stehen viele Tische draußen, sodass man hier entspannte Mußestunden verbringen kann.

In dieser gastfreundlichen Hausreihe befindet sich das India Masala, ein Restaurant mit vorzüglicher indischer Küche. Es stellt eine perfekte köstliche Alternative zur klassischen polnischen Küche dar, wenn man nach einer Abwechslung sucht. Im Inneren des Restaurants erkennt man sehr wohl ein typisches Haus aus der Jahrhundertwende mit fantasievollen Jugendstil-Verzierungen an den Wänden. Doch die übrige Dekoration, die Möbel im Kolonialstil, bunte Schirme und Lampions verleihen dem Lokal ein charakteristisch indisches Flair.

TIPP

Das Lokal ist sehr begehrt, sodass sich eine Reservierung empfiehlt.

In der Speisekarte findet man eine Fülle indischer Gerichte, die aus verschiedenen Regionen Indiens stammen – sowohl mild schmeckende Speisen des Nordens als auch sehr scharfe, etwa Vindaloo, die für die Region Goa typisch sind. Wer sich beim Blick in die Karte unsicher ist, vor allem hinsichtlich des Schärfegrades, kann sich gerne von den Mitarbeitern beraten lassen. Eine Spezialität des Hauses sind Gerichte, die im Tandur zubereitet werden, wodurch die Zutaten ein wundervolles Aroma bekommen. Als Vorspeise sind das Naan-Brot oder die Papadams-Chips sehr zu empfehlen – sie schmecken wunderbar knusprig und sind in Kombination mit vielfältigen Soßen eine wahre Gaumenfreude. Ob Gemüse oder Fleisch, alles wird mit aromatischen Gewürzen zubereitet, die authentischen indischen Geschmack zaubern. Kein Wunder, denn die Köche kommen allesamt aus Indien. Jedes einzelne Gericht wird vor dem Servieren liebevoll dekoriert – ein Labsal für die Zunge und fürs Auge.

- India Masala, Mały Rynek 2, 31-041 Kraków, Tel. +48 (12) 3 45 67 89 www.indiamasala.pl
- ÖPNV: Tram 2, 3, 10, 18, 24, 50, 52, Haltestelle Poczta Główna

Romantik für Entschleunigte

67 Spaziergang von Salwator zum Kościuszko-Hügel

Um dem Trubel der Stadt zu entfliehen, bietet Krakau viele Spazierwege an. Eine entschleunigte Wanderung für Genießer kann man in Salwator, einer malerischen Villensiedlung aus dem frühen 20. Jahrhundert, beginnen. Zwar ist der Weg zu Beginn etwas steil, doch der Anblick der umliegenden Anwesen, die in ihrer Gesamtheit an eine Gartenstadt erinnern, ist so reizvoll, dass er für die kleine anfängliche Anstrengung entschädigt. Nach wenigen Minuten erreicht man die erste Anhöhe und nun wandert man auf einer romantischen Allee, umgeben von hohen Bäumen.

Zur Linken entlang der Route befindet sich der Salwator-Friedhof. Wunderschön gelegen, strahlt er das aus, was in seinem Namen verankert ist: Er ist ein Ort des Friedens. Hier ruhen viele prominente Krakauer. Für Neugierige lohnt sich ein kleiner Abstecher, etwa zur Ruhestätte des Filmregisseurs Andrzej Wajda oder des weltberühmten Science-Fiction-Autors Stanisław Lem. Auf der Grabplatte des Schriftstellers liest man zwischen zahlreichen Blumenschalen sein Motto: „Feci, quod potui, faciant meliora potentes." „Ich habe getan, was ich konnte, mögen diejenigen, die es können, besser machen." Diesen nachdenklich stimmenden Satz nimmt man mit auf den weiteren Weg.

Begleitet von fröhlichem Vogelgesang, erreicht man die Reste der alten Fortifikation. Schließlich kommt man am Fuße des Kościuszko-Hügels an. Wer den Weg fortführen mag, kann auch den Hügel besteigen und das Kościuszko-Museum besuchen. Für gemütlich Gesinnte gibt es bequeme Bänke, die zum Verweilen einladen. Hier kann man jetzt über die Dächer Krakaus schauen und den Blick ins Grüne zum Wolski-Wald schweifen lassen. Nach einer Rast nimmt man für die Rückkehr einen schmalen Pfad zur Błonia-Wiese und von dort aus sieht man bereits die Türme der Marienkirche. Am besten läuft man jetzt noch ein paar Schritte zu Fuß in Richtung der Altstadt bis zum ehemaligen Cracovia-Hotel. In diesem Gebäude ist eine kleine Konditorei zu finden, die leckere Cremeschnitten anbietet. So lecker, dass Stanisław Lem sie ausschließlich hier kaufte. Den erholsamen Ausflug kann man kaum schöner beschließen!

- Spaziergang von Salwator zum Kościuszko-Hügel, Startpunkt: aleja Jerzego Waszyngtona, 30-204 Kraków
- ÖPNV: Tram 1, 2, Bus 109, 229, Haltestelle Salwator

Moderner Kunst ganz nah

68

Jan Fejkiel Gallery in der Sławkowska-Straße

Kunst und Kreativität haben in Krakau eine lange Tradition und daraus ist über Jahrhunderte auch die beträchtliche Anzahl an Kunstgalerien erwachsen. Eine sehr attraktive Galerie wird von dem Ehepaar Fejkiel in der Sławkowska-Straße geführt. Jan Fejkiel, von Beruf Historiker, beschloss vor gut 30 Jahren, dem Ruf seines Herzens zu folgen, und widmet sich seither der Kunst. Von allen Gattungen interessierte ihn die Grafik schon immer am meisten. „Die Grafik hat enorme Erzählmöglichkeiten", sagt er. Und damit legte er den Grundstein für seine Galerie. Sein persönlicher Lieblingskünstler ist Jerzy Panek (1918–2001), der für sein Werk zahlreiche internationale Preise erhielt. Über den Künstler hat Jan Fejkiel sogar ein Buch herausgebracht, das inzwischen in andere Sprachen übersetzt wurde.

Zusammen mit seiner Frau veranstaltet Jan Fejkiel jedes Jahr bis zu fünf Ausstellungen, bei denen zeitgenössische Künstler ihre Werke präsentieren können. Dafür werden Bilder ausgesucht, die Jan Fejkiel selbst besonders schätzt: „Wir richten uns nach unserem Geschmack und zeigen das, was wir für sehenswert halten", sagt der Galerist. Im Gespräch mit Jan Fejkiel spürt man sofort, dass man es mit einem erfahrenen Kunstliebhaber zu tun hat. Mit Elan erzählt er darüber, was die heutige Kunst in Polen bewegt und welche Künstler besondere Aufmerksamkeit verdienen, so zum Beispiel Anna Sobol-Wejman, Stanisław Wejman, Wiesław Skibiński oder Malwina Niespodziewana. Gerne führt er durch seine Ausstellung und zeigt die Bestände der Galerie. Als Besucher erfährt man hautnah, mit welch großer Leidenschaft Jan Fejkiel seine Galerie betreibt. Sein besonderes Anliegen ist, Originalwerke live zu zeigen, damit der Kunsthandel in Zukunft nicht auf die Internetportale beschränkt wird. Sicherlich bietet die Jan Fejkiel Gallery eine gute Möglichkeit, ein wertvolles Kunstwerk zu erwerben, denn hier wird man wirklich hervorragend beraten. Zugleich ist ein kleiner Abstecher in die Galerie eine perfekte Gelegenheit, eine sehr persönliche Begegnung mit moderner Kunst zu erleben.

- Jan Fejkiel Gallery, ulica Sławkowska 14, 31-014 Kraków, Tel. +48 (12) 4 29 15 53
www.fejkielgallery.com
- ÖPNV: Tram 2, 4, 14, 18, 20, Haltestelle Teatr Bagatela

Byzantinische Variationen

69 In der Kirche der Erhöhung des Heiligen Kreuzes

In der Nachbarschaft historischer Universitätsgebäude trifft man in der Wiślna-Straße auf die Kirche der Erhöhung des Heiligen Kreuzes – ein eher unauffälliges Gotteshaus, das sich als ein Juwel entpuppt. Die Kirche wurde Mitte des 17. Jahrhunderts im barocken Stil errichtet und diente als Gebetshaus der Norbertinerinnen. Im 19. Jahrhundert wurde sie der ukrainischen griechisch-katholischen Gemeinde übereignet. Betritt man die Kirche, so wird man von der Ausschmückung des Kirchenschiffes überrascht: Hier dominieren helle Pastellfarben sowie Marmor- und Malachit-Töne, die mit der dunklen barocken Außenfassade kontrastieren. Die Wandfresken lassen den Einfluss des Jugendstils erkennen. Das Gewölbe, in warmem Gelb und Himmelblau gehalten, strahlt Licht und Wärme aus. Ihre kunstvolle Ausgestaltung hat die Kirche drei bedeutenden Krakauer Künstlern zu verdanken – dem Jugendstil-Architekten Tadeusz Stryjeński (1849–1943), dem Maler Jan Matejko (1838–1893) sowie dessen Schüler Władysław Rossowski (1857–1923).

TIPP
Byzantinische Kunst in der gotischen Heilig-Kreuz-Kapelle des Heiligenkreuzes am Wawel entdecken.

Besonders bewundernswert ist die prachtvolle, mit viel Gold ausgeschmückte Ikonostase im ukrainisch-byzantinischen Stil, die aus mehreren Ikonenreihen besteht. Unten sind Ikonen des heiligen Nikolaus, der Mutter Gottes, Jesu Christi sowie des Erzengels Michael zu sehen. Die zweite Reihe stellt die kirchlichen Feste dar, etwa Szenen der Verkündigung Mariens oder der Geburt Jesu. Die nächsthöhere Reihe zeigt die zwölf Apostel, in deren Mitte eine große Christus-Figur zur Darstellung kommt. Dabei ist das Bild des heiligen Lukas, der als der Patron der Künste gilt, bemerkenswert. Er ist mit einem Pinsel vor einer Staffelei dargestellt und trägt deutlich erkennbare Gesichtszüge des Malers Matejko. Die oberste Reihe zeigt schließlich die biblischen Propheten. Diese Kirche als ein Stück Byzanz in der Krakauer Altstadt beeindruckt durch ihre ungewöhnliche Pracht und die warme Ausstrahlung und lässt den Besucher staunen, welch ein Reichtum an Kulturen in dieser Stadt zu Hause ist.

- Cerkiew Podwyższenia Krzyża Św. w Krakowie, ulica Wiślna 11, 33-332 Kraków
- ÖPNV: Tram 6, 20, Haltestelle Uniwersytet Jagielloński

Japanische Halbinsel

70

Museum der Japanischen Kunst und Technik Manggha

Wellige Umrisse und eine geschwungene Fassade, die sich harmonisch an die Mäander der Weichsel angleichen: Das ist das Museum der Japanischen Kunst und Technik Manggha, erbaut nach dem genialen Entwurf des japanischen Architekten Arata Isozaki. Zahlreiche Mäzene ermöglichten die Entstehung dieses außergewöhnlichen Hauses. Unter anderem spendete 1987 der Regisseur Andrzej Wajda seinen Kyoto-Filmpreis dafür. Heute ist es eine der schönsten Kunstgalerien, die Kunst, Kultur und Technik fernöstlicher Länder präsentiert. Das Museum beherbergt eine große Kollektion japanischer Kunst aus dem Besitz des Krakauer Kunstsammlers Feliks „Manggha" Jasieński. Zugleich werden hier interessante Wechselausstellungen moderner Kunst organisiert, die von Musikabenden und thematisch einschlägigen Workshops begleitet werden.

TIPP

Nach dem Teegenuss über eine kleine Treppe an die Weichsel gehen und am Fluss spazieren.

Der breiten Öffentlichkeit ist das Manggha zugleich für sein Café mit der herrlichen Terrasse bekannt, denn von hier aus eröffnet sich eine der faszinierendsten Aussichten auf die Weichsel und die Stadt. Man sitzt hier gemütlich auf geschwungenen Stühlen an kleinen Tischen, umgeben von Bambusbäumen. Schiffe und Vögel ziehen vorbei. Auf dem gegenüberliegenden Ufer ragt das Wawel-Schloss empor. Von der Sonne angestrahlt, wirkt es wunderschön und erhaben.

Vor dieser herrlichen Kulisse kann man jetzt einen Blick auf die Speisekarte werfen. Sie bietet eine erlesene Auswahl an kalten und warmen Gerichten, die von der japanischen Küche inspiriert sind. Hier werden sowohl Fleisch- und Fisch-Liebhaber als auch Vegetarier und Veganer glücklich. Eindrucksvoll ist vor allem die riesige Teeauswahl. Mit einem höflichen „Konnichiwa" und einer leichten Vorbeugung begrüßt der freundliche Kellner die Gäste und berät sie bei der Auswahl. Egal, wofür man sich schließlich entscheidet – es gibt kaum etwas Schöneres, als mit einem Kännchen japanischem Tee auf der Terrasse des Manggha-Cafés zu sitzen und die Seele baumeln zu lassen.

● Muzeum Sztuki i Techniki Japońskiej Manggha, ulica Marii Konopnickiej 26, 30-302 Kraków, Tel. +48 (12) 2 67 27 03, https://manggha.pl/en
● ÖPNV: Tram 124, 144, 164, Haltestelle Konopnickiej

Sehen und gesehen werden

71

Im Café Loch Camelot unweit des Hauptmarktes

Man braucht nur ein paar wenige Schritte vom Rynek Główny aus zu gehen, um in die etwas verwinkelte Straße des heiligen Tomas zu gelangen. Hier versteckt sich eines der bekanntesten Cafés Krakaus, das Loch Camelot. In der Vergangenheit diente dieser Ort als Galerie und beherbergte auch ein kleines Museum für naive Kunst. Einige Exponate hängen bis heute noch an den Wänden und man hat die einmalige Gelegenheit, die Bilder des lemkisch-polnischen Malers und Autodidakten Nikifor (Krynicki) (1895–1968) im Original zu betrachten, der durch seine primitive Malerei weltberühmt wurde.

Den einmaligen Charme des Cafés machen jedoch nicht nur die zahlreichen Kunstgegenstände aus. Die liebevolle Einrichtung mit den kleinen Tischen, den bequemen Holzstühlen, antiquarischen Möbeln und einem Kamin schafft eine warme und gemütliche Atmosphäre. Man darf hier stundenlang sitzen und einen köstlichen Kaffee, einen aromatischen Tee oder einen prickelnden Prosecco zu hausgemachtem Kuchen genießen. Loch Camelot ist zudem durch seine exquisiten Liköre bekannt – die Stammgäste empfehlen übrigens Feige und Pflaume. An warmen Tagen sind die Gäste in den lauschigen, dezent bepflanzten Innenhof eingeladen. Doch nur Insider wissen, dass es bei Loch Camelot nicht so sehr um die leckeren Getränke, sondern um etwas anderes geht, nämlich um einen bestimmten Tisch links neben dem Eingang, der etwas erhöht auf einer Plattform in einer Fensteraussparung steht. Genau hier kann man sehen und gesehen werden! Ganz Krakau zieht dann vorbei, auch wenn die Straße eher ruhig wirkt.

Samstags gibt es hier zudem künstlerische Darbietungen, wenn im mittelalterlichen Keller des Loch Camelots das gleichnamige Kabarett auftritt. Diese Kabarett-Gruppe hat ihre eigene ansehnliche Geschichte und folglich auch ihr zahlreiches Stammpublikum. Deshalb kann sich eine Reservierung im Vorfeld lohnen. Und dann steht dem entspannten Wochenausklang mit Klaviermusik und Live-Gesang nichts mehr im Wege.

● Kawiarnia Loch Camelot, ulica św. Tomasza 17, 33-332 Kraków, Tel. +48 (12) 4 21 01 23

● ÖPNV: Tram 2, 4, 14, 20, 24, Haltestelle Stary Kleparz

CAMELOT

Kultlokal besonderer Art

72

Nowa Prowincja in der Bracka-Straße

Dieses Café unweit des Hauptmarktes hat etwas Uriges und Kuscheliges zugleich. Rustikale Holztische, eine bunte Mischung aus Stühlen, Bänken, Sofas und Sesseln, dazu alte Bilder und Teppiche an den Wänden, unzählige Blumentöpfe mit grünen Pflanzen, ein Klavier, antiquierte Radios und Uhren sowie Regale mit vielen Büchern schaffen das Ambiente einer großen, verwinkelten Wohnstube. All das vermittelt das Gefühl, man sei gerade bei der eigenen Oma zu Besuch, die sich nicht gerne von angesammelten Dingen trennt. In Wahrheit ist Nowa Prowincja ein Kultlokal, nicht zuletzt dank des Liedermachers Grzegorz Turnau, der hier häufig zu Gast war. Heute ist das Café eine beliebte Adresse für alle, die in irgendeiner Weise mit der Krakauer Kulturszene verbunden sind – Schriftsteller, Übersetzer, Musiker und Künstler. Unter der Woche sitzen hier tagsüber viele Stammgäste mit ihren Laptops und schreiben, als ob sie im eigenen Wohnzimmer wären, und man hat den Eindruck, sie kennen sich alle persönlich. Hier ist man mit der Krakauer Boheme auf Du und Du. Die Auswahl an warmen Speisen ist zwar nicht ganz so groß, doch sie haben eine vorzügliche Qualität. Auch das wissen die Stammgäste zu schätzen. Die absolute Spezialität des Hauses ist die heiße Schokolade. Ebenso sind der hiesige Käsekuchen und der Schokoladenkuchen mit Schlagsahne nicht zu verachten. Im Nowa Prowincja findet man eine ganz andere Welt als in den großen Restaurants am Hauptmarkt vor. Wenn man sich hier jedoch wohlfühlt, verliebt man sich in dieses Kult-Café und kann sich dann keinen besseren, gemütlicheren Ort vorstellen.

Beim Verlassen des Hauses sollte man einen kurzen Blick auf die Außenwand werfen: Hier wurde 2014 ein „Poesie-Domophon" installiert, ein spezielles Wandtelefon, auf dem man sich per Knopfdruck archivalische Aufzeichnungen der Gedichte von Czesław Miłosz, Wisława Szymborska, Ewa Lipska oder Adam Zagajewski anhören kann.

- Kawiarnia Nowa Prowincja, ulica Bracka 3–5, 31-005 Kraków, Tel. +48 (12) 4 30 59 59
- ÖPNV: Tram 6, 20, Haltestelle Uniwersytet Jagielloński

Naschmarkt Krakauer Art

73 Auf dem Trödelmarkt an der Handelshalle

Jeden Sonntag in der Früh wird das Gelände um die Krakauer Handelshalle so voll wie an kaum einem anderen Tag unter der Woche. Es ist Zeit für einen Trödelmarkt! Er ist zwar nicht so groß wie der berühmte Flohmarkt am Naschmarkt, doch der Trubel und die Geschäftigkeit, die hier herrschen, erinnen sehr wohl an die Wiener Konkurrenz. Porzellangeschirr, alte Lampen, Gemälde, Musikinstrumente, Messing-Gegenstände, Teppiche, stapelweise Bücher, hauptsächlich noch aus den Zeiten der Polnischen Volksrepublik, Puppen, Hirschgeweihe, Kandelaber, Postkarten in Sepia-Qualität, alte Fotos, Fahrräder – es gibt nichts, was es hier nicht gibt. All diese Sachen werden jeden Sonntag auf dem Platz um die Handelshalle herum auf einfachen Verkaufsständen oder direkt auf dem Boden arrangiert.

Bemerkenswert ist die Szenerie, die auf dem Trödelmarkt herrscht. Breit lächelt eine Verkäuferin neben einem Stoß gebrauchter Kleidung. Ein müder Hund überwacht die Kiste mit Schräubchen und gebrauchten Computern. Drei ältere Herren, die ihre Radios und Fotoapparate feilbieten, diskutieren über die aktuelle Politik und scheinen an der Kundschaft wenig Interesse zu haben. Andere wiederum werben für ihre Kristallgläser und ihr Silberbesteck, als könne die Menschheit ohne sie nicht auskommen.

Käufer und Verkäufer kommen schnell ins Gespräch, manchmal bleibt es beim Wortwechsel und Feilschen, manchmal kommt doch ein Kauf zustande. Es herrscht eine lebhafte Stimmung und es macht sehr viel Freude, um die Handelshalle herumzuschlendern, hier und dort an den Verkaufsständen stehen zu bleiben und die Angebote auch mal näher zu betrachten. Dazwischen findet sich auch das eine oder andere wahre Juwel, wenn man nur das richtige Auge dafür hat! Vor allem mancher Antiquitätenliebhaber kann hier glücklich werden. Auch wenn man den Flohmarkt mit leeren Händen verlässt, so ist man um mindestens eine Erfahrung reicher geworden. Hier ist die Geschichte unzertrennlich mit dem Neuen verbunden.

- Hala Targowa, ulica Grzegórzecka 14, 31-532 Kraków
- ÖPNV: Tram 1, 14, 17, 19, 22, Bus 184, 605, Haltestelle Hala Targowa

Einmal Jam-Session bitte!

74

Harris Piano Jazz Bar am Hauptmarkt

Die Reise auf den Spuren der Jazzmusik lässt sich in Krakau endlos fortsetzen. Schließlich galt Krakau lange Zeit direkt an zweiter Stelle hinter New York als Hochburg des Jazz und diese Tradition dauert bis heute an. Um sich dessen zu vergewissern, unternimmt man einen abendlichen Spaziergang in die Stadt und lernt die Gastlichkeit der vielen Clubs kennen. Diesmal soll es Harris Piano Jazz Bar werden. Seit 1997 wird hier gejazzt, inzwischen jeden Abend. Seit dem Bestehen des Lokals konnte man in seinen Mauern solche Jazz-Größen wie die Gitarristen Mike Stern, Jarosław Śmietana und Szymon Mika, die Pianisten Paweł Kaczmarczyk und Piotr Wyleżoł oder den Saxofonisten Adam Pierończyk hören. Der Club zeigt sich zugleich jungen Musikern gegenüber sehr offen und hat Freude am Entdecken neuer Talente. Montags und mittwochs gibt es Jam-Sessions, bei denen spontan musiziert wird. Für das Milieu der Jazz-Musiker haben solche Abende einen integrativen Charakter. Junge Sänger und Instrumentalisten können sich selbst zeigen und ihresgleichen kennenlernen. Neben Jazz kann man im Harris auch Funk und Soul hören und freitags erfüllen Blues- und Rock-'n'-Roll-Sounds seine Räume.

TIPP

Es lohnt sich, einen Blick in die italienisch angehauchte Speisekarte zu werfen.

Das Harris arbeitet mit vielen Jazz-Festivals zusammen, vor allem mit dem Internationalen Krakauer Jazz-Festival. Auch Konzerte im Rahmen des Krakauer Jazz-Herbsts, des Jazz Juniors-Festivals sowie des Krakauer Jazz-Festivals Allerseelen (Zaduszki) finden hier statt. Die Atmosphäre des Lokals ist stets offen und unkompliziert. Ob Jung oder Alt, mit einem Glas Bier oder einem Cocktail in der Hand verbringt man einen ungezwungenen Abend und es kann sehr leicht passieren, dass man mit einem Fremden ins Gespräch kommt. Hier werden gerne Kontakte geknüpft und musikalische Freundschaften geschlossen. Neben der exzellenten Musik bietet der Club ein stimmungsvolles Interieur, hervorragenden Service und außergewöhnliche freundliche Menschen. So werden Träume wahr!

● Harris Piano Jazz Bar, Rynek Główny 28, 31-000 Kraków, Tel. +48 (12) 4 21 57 41
https://harris.krakow.pl/en

● ÖPNV: Tram 2, 4, 8, 13, 14, Haltestelle Teatr Bagatela

HARRIS PIANO JAZZ
www.harris

Palast voller Schönheit

75

Im Erasmus-Ciołek-Bischofspalast

Der Erasmus-Ciołek-Bischofspalast hat nicht umsonst den Ruf, das schönste Museum Krakaus zu sein. Elemente aus Gotik und Renaissance prägen das Gebäude aus dem frühen 16. Jahrhundert, das als Residenz des Bischofs Erasmus Ciołek, eines bedeutenden Humanisten und Kunstmäzens seiner Zeit, erbaut wurde. Heute sind hier auf drei Etagen Kunstwerke aus den Beständen des Krakauer Nationalmuseums ausgestellt. Beginnt man die Besichtigung etwas unkonventionell, nämlich vom oberen Geschoss aus, so lernt man als Erstes die alte polnische Kunst aus dem 12. bis 18. Jahrhundert mit bedeutenden Werken aus den Epochen des Mittelalters, der Renaissance und des Barocks kennen. Von bizarrer Schönheit ist auf dieser Etage der Saal der Tugenden mit wunderschönen Fresken.

TIPP

Im Saal der Tugenden werden gelegentlich Konzerte alter Musik veranstaltet.

Im Erdgeschoss staunt man über die unglaublich reiche Kollektion der sakralen Kunst: Ikonen, Kreuze, Gemälde, Schmuck und Holzfiguren. Viele Kunstwerke stammen aus den Krakauer Klöstern der Umgebung, andere wiederum, vor allem zahlreiche Ikonen, kommen aus der ganzen ostkirchlichen Welt, etwa aus Dalmatien, Rumänien, Griechenland oder der Ukraine. Die ältesten von ihnen werden auf das 15. Jahrhundert datiert. Ein absoluter Hingucker ist eine aus Holz geschnitzte, mannshohe Figur von Jesus, der auf einem Esel reitet. In der Vergangenheit wurde sie bei kirchlichen Prozessionen mitgeführt.

Zum Abschluss geht es ins Kellergewölbe des Palastes, in dem an die 800 Fragmente wertvoller aus Stein gemeißelter Skulpturen ausgestellt sind. Portalfragmente, Schlusssteine, königliche Grabsteine und vieles mehr sind hier zu sehen, darunter auch Fassadenelemente der Krakauer Marienkirche und der Wawel-Kathedrale.

Bevor man das Museum verlässt, sollte man noch im Innenhof des Palastes vorbeischauen. Als wunderschöne Kulisse ist er prädestiniert für Open-Air-Konzerte, Theatervorstellungen oder Aufführungen historischer Tänze. Vielleicht spielt hier die Musik schon heute Abend?

● Pałac Biskupa Erazma Ciołka, ulica Kanonicza 17, 31-002 Kraków, Tel. +48 (12) 4 33 59 20, https://mnk.pl/branch/the-bishop-erazm-ciolek-palace
● ÖPNV: Tram 1, 2, 4, 6, 8, Haltestelle Wawel

Verweilen und genießen

76 Am Szczepański-Platz

Sehr zentral und dennoch abseits des großen touristischen Trubels gelegen gehört der Szczepański-Platz zu jenen Lieblingsorten der Krakauer, auf denen sich das Leben abspielt. Bis ins 19. Jahrhundert diente er als großer Markt- und Handelsplatz der Stadt. Später umringten ihn wunderschöne Sezessionsbauten: das Szołayski-Haus, das Gebäude des Landwirtschaftsverbandes und das Helena-Modrzejewska-Theater. Dadurch bekam dieser Ort einen neuen Charakter.
Heute findet man am Szczepański-Platz mehrere Lokale zum Verweilen, etwa das heiß begehrte Bistro Charlotte mit seinen warmen Croissants, Baguettes und der köstlichen Marmelade oder das Restaurant Morskie oko, das traditionelle Gerichte der polnischen Küche, insbesondere aus den polnischen Bergen, anbietet.
An der Ecke des Szczepański-Platzes und der Planty befindet sich der Kunstpavillon Bunkier sztuki (Kunstbunker). Als er 1965 errichtet wurde, war er das einzige moderne Gebäude der damaligen historischen Innenstadt. Einen guten Ruf hat auch das exquisite Café am Bunkier sztuki, das mit seinen transparenten Wänden an ein Aquarium erinnert. Dieser Ort zieht seit Jahren Geschäftsleute und Studenten, Schauspieler und Literaten, aber auch Familien mit Kindern an und er ist stets sehr gut besucht – vom ersten Frühstück in der Morgendämmerung bis zum letzten Drink nach Mitternacht.
Am östlichen Ende krönt den Platz das Gebäude der Gesellschaft der Freunde der Schönen Künste – ein Jugendstil-Palast mit prachtvollen Pilastern und vergoldeten Verzierungen, die eine Prozession triumphierender Künstler zeigen. In der Mitte der Palastwand befindet sich in der Nische eine große Bronzebüste von Jan Matejko. Vor dem Haus spendet der verspielte Springbrunnen die gewünschte Frische an heißen Tagen und erfreut zugleich spiellustige Kinder, die gerne ihre Füße ins Wasser tauchen. In den kleinen Grünanlagen mit Blumenbeeten findet man sicher eine bequeme Bank, auf der man sich niederlassen und das bunte Treiben beobachten kann.

- Plac Szczepański, 31-011 Kraków
- ÖPNV: Tram 2, 4, 14, 18, 20, Haltestelle Teatr Bagatella

JAN MATEJKO

Für Körper und Umwelt

77 Die Kosmetik-Boutique Slowglow in der Smoleńsk-Straße

Wer möchte nicht der eigenen Schönheit und zugleich der Umwelt etwas Gutes tun? Bei Slowglow geht das ohne Kompromisse! Diese reizende Kosmetik-Boutique befindet sich unweit der Philharmonie und sie ist den Abstecher mehr als wert. Hier bekommt man alles, was die Körperpflege genussvoll macht und was der Haut Freude bereitet. Ob für das Gesicht oder den ganzen Körper, für die Haare oder den Bart, ob Seifen, Bodylotions, Badesalze, Cremes, Peelings, Shampoos, Körperdüfte oder Öle – all das erhällt man in diesem kleinen Laden in bester Qualität. Nicht zu vergessen sind die raffiniert komponierten Duftkerzen. Das Angebot wird durch eine erlesene Auswahl an Tees abgerundet, die dem Körper und der Seele ebenfalls wohltun.

Alle Kosmetika, die man hier erwerben kann, kommen aus lokaler Produktion und inzwischen machen ein paar Dutzend polnische Hersteller bei Slowglow mit. Lokal und umweltfreundlich – das ist das Hauptmotto der Marke. Die angebotenen Erzeugnisse enthalten ausschließlich Naturstoffe und sanft wirkende Ingredienzien. Beeindruckend dabei ist die Palette der natürlichen Duftnoten: Lavendel, Bergorange, Rosenblüten, Sanddorn, Mango oder auch Muskat. Sie werden zwar sehr dezent eingesetzt, doch schon beim Testen deuten sie ihre belebende Wirkung an. Die Verpackung der Waren bei Slowglow ist außerdem sehr minimalistisch, ganz im Sinne von Zero Waste. Hier wird auch Nachhaltigkeit großgeschrieben.

Als Kunde ist man von der Beratung im Laden angetan – sie ist individuell und sehr freundlich. Man merkt sofort, dass alle Verkäuferinnen, die hier arbeiten, mit viel Enthusiasmus bei der Sache sind und die Produkte selbst ausprobieren, bevor sie diese den Kunden weiterempfehlen. Der Funke dieser Begeisterung für Gutes springt zwangsläufig auf den Ladenbesucher über. Selbst wenn man keine großen Kaufpläne vor dem Besuch der Boutique hatte, geht man bestimmt mit mehreren liebevoll eingewickelten Päckchen hinaus.

TIPP

Gleich nebenan, in der Felicjanek 4, liegt die englischsprachige Buchhandlung Massolit.

● Slowglow, ulica Smoleńsk 15, 31-108 Kraków
https://slowglow.pl

● ÖPNV: Tram 2, 4, 6, 8, 13, Haltestelle Filharmonija

ANWEN
hagi
BASICLAB
ODŻYWKA

Wundersame Skulptur

78

„Eros Bendato" von Igor Mitoraj auf dem Hauptmarkt

Ein großer Kopf mit filigranen Gesichtszügen, leeren Augenhöhlen, markant ausgeprägten Lippen und Binden im Gesicht, der zwischen den Tuchhallen und dem Klub Pod Baranami am Hauptmarkt installiert ist, zieht die Aufmerksamkeit der Passanten auf sich. „Eros Bendato", „Der verbundene Eros", nannte der weltberühmte Bildhauer Igor Mitoraj (1944–2014) sein Werk. In Mitorajs Interpretation hat der schöne mythologische Jüngling verbundene Augen. Dieses Kunstwerk, voller Anmut, Melancholie und Stärke, strahlt zugleich etwas Geheimnisvolles aus. Was wollte sein Schöpfer denn zum Ausdruck bringen? Hingabe und Verletzlichkeit? Oder Fortdauern erhabener Gefühle, jedem Scheitern zum Trotz? Die Kunstkritiker streiten sich und der Betrachter lässt seiner Fantasie freien Lauf. Viele Touristen lassen sich gerne neben dem Kopf ablichten. Andere bewundern dieses ungewöhnliche Kunstwerk nachdenklich und sinnieren dabei über Vergängliches und Ewiges.

2005 schenkte Mitoraj den „Verbundenen Eros" der Stadt Krakau, mit der er sich sein Leben lang eng verbunden fühlte. Der Künstler studierte hier nämlich an der Akademie der Schönen Künste, bevor er nach Frankreich und später nach Italien zog. Im italienischen Pietrasanta richtete Mitoraj sein Haus und die Werkstatt ein. Hier entstanden seine Bronzefiguren und die monumentalen Skulpturen aus weißem Carrara-Marmor, die man in der heutigen Kunstwelt mit seinem Namen verbindet. Seine Körperfragmente – so auch der „Verbundene Eros" – erinnern manchmal an archäologische Ausgrabungen, wodurch Igor Mitorajs Begeisterung für die Antike zutage tritt.

Das moderne Kunstwerk auf dem Hauptmarkt löste unter den Krakauern zunächst große Kontroversen aus. Die kritischen Stimmen argumentierten, es störe die Harmonie im historischen Raum. Doch letztendlich blieb Mitorajs Skulptur neben den Tuchhallen stehen und heute kann man sich den Hauptmarkt ohne den „Eros" kaum noch vorstellen.

- „Eros Bendato", Rynek Główny, 31-116 Kraków
- ÖPNV: Tram 2, 4, 8, 13, 14, Haltestelle Teatr Bagatela

Kaffee- und Lesefreuden

79 In der Buchhandlung Lokator in Kazimierz

Das Lokator in der Mostowa-Straße ist ein Kultort des Krakauer Buchhandels und einer der reizvollsten Orte in Kazimierz. Sein Name knüpft an den gleichnamigen Roman des französischen Schriftstellers Roland Topor an, der als Sohn jüdisch-polnischer Auswanderer in Paris lebte. Dieser Roman (im Original: „Le Locataire chimérique", 1964) wurde 1976 von Roman Polański verfilmt. Ursprünglich entstand das Lokator als Club, der durch exzellente Konzerte und cineastische Diskussionsveranstaltungen sehr schnell populär wurde. Drei „Musketieren" verdankt der Laden sein Profil und sein Charisma – dem Grafiker Piotr (Pio) Kaliński, dem Literaten Jerzy Franczak und dem Kritiker und Übersetzer Grzegorz Jankowicz. Etwas später wurde auch der gleichnamige Verlag Lokator gegründet.

TIPP
Sehr schön sortiert ist die Ecke mit Kinderbüchern – unbedingt reinschauen.

Heute findet man hier eine intime Buchhandlung mit einer speziell profilierten Bücherauswahl, die Erwachsene und Kinder gleichermaßen willkommen heißt. Hier bekommt man Bücher, die in vielen anderen Geschäften fehlen. Auch ein kleines Café mit wenigen, aber sehr gemütlichen Sitzmöglichkeiten ist in die Buchhandlung integriert, sodass man alle Bücher bei einer Tasse Kaffee oder Tee durchblättern kann.

Der aufmerksame Besucher wird in der Buchhandlung ausgefallene Plakate bemerken: Sie stammen aus der Grafik-Werkstatt von Pio Kaliński, der auch heute noch als der gute Geist der Buchhandlung gilt. Als Künstler illustriert Pio Bücher für den Verlag Lokator, der vor allem gute zeitgenössische Poesie und Prosa veröffentlicht und nach wie vor mit der Buchhandlung eng verknüpft ist.

Das Lokator in der Mostowa-Straße ist außerdem ein Ort für Begegnungen, Lesungen und andere Kulturveranstaltungen, der vor allem junge Menschen anzieht. Die Buchhandlung organisiert Leseabende sowie Treffen mit Illustratoren und Verlegern. Hier bekommt man über die Bücher hinaus auch eine große Auswahl an internationalen Zeitungen und Zeitschriften sowie erlesene Musikplatten von jenen Bands, die hier bis dato gespielt haben.

- Księgarnia Lokator, ulica Mostowa 1, 31-061 Krakow, Tel. +48 (5 05) 86 27 24
www.tylkodobreksiazki.pl
- ÖPNV: Tram 1, 2, 3, 6, 8, 10, 13, Haltestelle Plac Wolnica

LOKATOR
Miś ma stracha
LISTOWIEŚĆ
RICHARD POWERS
PODZIEMIA
MACFARLANE
ANDRZEJ STASIUK
PRZEWÓZ
WITOLD BEREŚ
STEPHEN KING
EDWARD PASEWICZ
PULVERKOPF

Das älteste Handelszentrum

80

Die Tuchhallen am Hauptmarkt

Die Krakauer Tuchhallen mit ihren markanten Arkaden sind ein wahrer Blickfang am Krakauer Hauptmarkt. Nicht umsonst gelten sie als das Wahrzeichen der Stadt. Dieses lang gestreckte Backsteingebäude wurde im 14. Jahrhundert als Lager für die Waren der Tuchhändler erbaut, als der Handel mit englischen und flämischen Tuchen eine zentrale Rolle für den Krakauer Warenverkehr spielte und eine wichtige Einnahmequelle der Stadt war. Im 16. Jahrhundert bekamen die Tuchhallen ihre heutige Renaissance-Ausgestaltung mit einer umlaufenden Attika und den Maskaronen-Köpfen. Zwei von ihnen stellen übrigens die Karikaturen von den früheren Präsidenten Krakaus dar – Józef Dietl und Mikołaj Zyblikiewicz.

Beim Betreten der langen Innenhalle mit ihrem wundervollen gotischen Gewölbe, das mit polnischen Stadtwappen und historischen Zunftsymbolen ausgeschmückt ist, erkennt man sofort, dass die Tuchhallen ihre Handelsfunktion bis heute nicht gänzlich verloren haben. Allerdings wird an den schmucken Verkaufsständen links und rechts mit Souvenirs statt mit Tuchen gehandelt. Trachtenpuppen, Bernsteinschmuck aus der Krakauer Region, Kunsthandwerk, kleinere und größere Geschenkartikel, Kitsch und Trödel – für jeden Gast ist etwas dabei. Spätestens hier könnte man einen lustigen Drachen als Magnet für den heimischen Kühlschrank oder als Schlüsselanhänger mitnehmen, falls man ein Andenken an Krakau nach Hause mitbringen möchte. Kaum ein Tourist kommt an den Tuchhallen vorbei, entsprechend geht es hier stets belebt zu.

TIPP

Für Kunstinteressierte: die Galerie der polnischen Kunst des 19. Jahrhunderts im ersten Obergeschoss.

Nach ausführlichem Shopping empfiehlt sich unbedingt der Besuch der Tuchhallen-Terrasse im oberen Stockwerk. Hier im Café Szał bekommt man nicht nur kleine Speisen und Getränke geboten, sondern auch einen tollen Ausblick auf das Adam-Mickiewicz-Denkmal, die Marienkirche und den Hauptmarkt. Kommt man zufällig zur vollen Stunde hierher, so kann man bei dieser Gelegenheit von der Terrasse aus das Hejnal-Signal hören und danach dem Trompeter zuwinken und anerkennend in die Hände klatschen.

- Sukiennice, Rynek Główny 1/3, 31-042 Kraków
- ÖPNV: Tram 2, 4, 8, 13, 14, Haltestelle Teatr Bagatela

Bibliografische Informationen der Deutschen Nationalbibliothek
Die Deutsche Nationalbibliothek verzeichnet diese Publikation in der Deutschen Nationalbibliografie; detaillierte bibliografische Daten sind im Internet über http://dnb.d-nb.de abrufbar.

Konzeption/Satz: Droste Verlag, Düsseldorf
Einbandgestaltung und Illustrationen: Britta Rungwerth, Düsseldorf
unter Verwendung von Bildern von
© Fotolia.com: jd - photodesign.de; © iStock: Plociennik Robert
Fotos: Stefaniya Ptashnyk, außer:
Matthias Baumann: S. 13, 17, 33, 35, 49, 53, 61, 75, 79, 81, 93, 95, 103, 165; Ihor Kosyk: S. 123; Laboratory Stock National Museum in Krakow, Leonardo da Vinci, Dama z gronostajem, około 1490 roku, technika olejna, nr inw. MNK-MKCz XII-209: S. 25; Restauracja Pod Baranem: S. 27; Restauracja Wierzynek: S. 97; R. Tatomir/Kopalnia Soli Wieliczka: S. 127; www.stock.adobe.com (Krzysztof Tabor): S. 39

FSC
www.fsc.org
MIX
Papier aus verantwortungsvollen Quellen
FSC® C011279

Druck und Bindung: LUC GmbH, Greven
ISBN 978-3-7700-2314-1

www.droste-verlag.de